INSTITUT IMPÉRIAL DE FRANCE.

EXPOSITION

Des faits recueillis jusqu'à présent concernant les effets de la Vaccination, et Examen des objections qu'on a faites en différens temps, et que quelques personnes font encore contre cette pratique.

Lu à la Classe des Sciences Physiques et Mathématiques, par MM. Berthollet, Percy, et Hallé, Rapporteur.

Le 17 août 1812.

L'institut a entendu en 1803 un Rapport concernant les premières observations faites en France sur les effets immédiats, les conséquences et la propriété préservative de la Vaccine, et la Classe a fait imprimer ce Rapport dans le tome V de ses Mémoires. Elle a fait aussi imprimer dans le tome VIII un Mémoire sur les Vaccinations faites en 1806 à Lucques, au milieu d'une épidémie variolique. Ces vaccinations avaient présenté des phénomènes remarquables dépendans des circonstances dans lesquelles elles avaient été pratiquées. Aujourd'hui, au bout de douze ans d'expériences, répétées dans différentes contrées, non seulement de l'Europe, mais aussi de tout le monde civilisé, nous lui présentons des résultats déduits de la comparaison d'une multitude de faits observés, même contradictoirement, dans tous les climats et toutes les circonstances possibles, et revêtus des caractères de l'authenticité.

Cependant, quelque général que paraisse aujourd'hui l'assentiment des médecins, du public, et des gouvernemens concernant les avantages que tant d'expériences ont fait attribuer à la vaccine, il s'est aussi élevé quelques voix contre elle ; et lorsque les réclamations qu'elles ont fait entendre ont été faites par des hommes honnêtes et instruits, et qu'elles n'ont pu être dictées par aucun intérêt personnel, il a été juste de les mettre en balance avec l'opinion générale. Quelle que soit notre façon de penser, nous nous garderons bien de blâmer ceux qui ne la partagent pas. Cet esprit d'opposition et d'indépendance a quelque chose de précieux dans les sciences d'observation, quand il est uni à des connaissances et à des talens, et qu'on ne peut l'attribuer, même quand il s'égare, qu'à l'amour de la vérité, et à la crainte de céder à un enthousiasme irréfléchi. C'est pour cela que, dans le compte que nous allons rendre à la Classe, nous prendrons nos divisions des observations mêmes sur lesquelles ont été fondés les reproches que des hommes instruits ont cru pouvoir faire à la vaccine.

1º On a comparé les effets sensibles de la vaccine à ceux de l'inoculation de la petite-vérole, et voyant celle-ci, après un mouvement de fièvre plus ou moins fort, se terminer par une éruption, tantôt plus tantôt moins abondante, de boutons, on a pensé que, pour opérer le même effet préservatif, la vaccine ne produisant en général rien de semblable, n'opérait dans le corps qu'une révolution incomplète, ne devait point lui être aussi avantageuse, et pouvait y laisser un levain nuisible, que le travail local des piqûres ne devait enlever qu'imparfaitement.

Cette première objection est de pure théorie. Les objections suivantes ont au contraire paru appuyées sur des faits qui leur semblaient favorables.

2° Dans les temps où la vaccine a été introduite dans différens pays, on a vu des éruptions se développer chez quelques individus ; des désordres assez grands et quelques accidens graves ont quelquefois accompagné ces éruptions. On en a conclu que le virus, introduit par la vaccination, était réellement de nature a produire des éruptions ; mais que ces éruptions, n'ayant souvent pas lieu, ou étant presque toujours irrégulières et incomplètes, le virus, faute d'être entraîné vers la peau, selon le vœu de la nature, restait dans le corps, devenait la cause de divers accidens, et y pouvait occasionner aussi des altérations préjudiciables.

3° Quelques accidens, et même des malheurs, survenus pendant le développement des effets immédiats de la vaccine, ont été attribués à cette opération, et ont fait prendre l'opinion que le virus vaccin était de nature à produire immédiatement et promptement des maladies funestes.

4° Après des vaccinations heureusement terminées, on a vu quelquefois, dans des termes plus ou moins rapprochés des époques de la vaccination, se développer des maladies, ou des dérangemens notables de santé, qu'on a attribués à la vaccine ; et on en a conclu que, même après un succès apparent de la vaccination, la vaccine pouvait être la source de maladies consécutives et chroniques plus ou moins graves, et en laisser le germe dans le corps.

5° Enfin, comparant quelques faits dans lesquels l'inoculation de la petite - vérole a paru être l'époque d'une révolution heureuse dans la santé de quelques individus, et rapprochant ces faits des inconvéniens que l'on avait regardés comme des suites de la vaccine, quelques-uns ont pensé que, même en supposant égale., de part et d'autre, la propriété préservative, l'inoculation variolique avait sur l'inoculation vaccinale l'avantage de pouvoir devenir souvent un remède efficace contre des affec-tions graves, auxquelles on supposait la vaccine incapable de remédier.

Telles sont les objections les plus fortes qui ont été faites et plusieurs fois renouvelées contre la vaccine ; les autres repro-ches qu'on lui a faits sous le rapport de la faculté préserva-trice, sous celui de la distinction entre la vraie et la fausse vaccine, ou relativement à l'espoir conçu de pouvoir par son moyen détruire absolument la petite-vérole, sont moins gra-ves ; quelques-uns s'adressent plutôt aux hommes qu'à la chose ; nous en parlerons avec moins d'étendue.

La première objection, celle à laquelle nous répondrons d'abord, est à notre sens la plus faible. Elle repose sur la théorie par laquelle les pathologistes ont expliqué les phéno-mènes de quelques maladies qu'on a désignées par le titre de dépuratoires.

Elle peut être comprise dans la question suivante.

PREMIERE QUESTION.

La fièvre et l'éruption générale qui suivent l'inoculation de la petite-vérole, et qui n'ont pas lieu de même après la vaccine, constituent-elles cependant une dépuration nécessaire, dont l'absence puisse donner lieu à des conséquences dangereuses ?

La théorie par laquelle on admet dans un grand nombre de maladies aiguës, et dans quelques maladies chroniques, un mouvement dont la fin est d'opérer des évacuations plus ou moins considérables par quelques voies, et par-là de porter hors du corps une matière qu'on suppose étrangère, et à la-quelle on attribue les désordres qui ont donné lieu à la maladie ; cette théorie , dis-je , a été imaginée pour rendre raison des phénomènes qui se présentent successivement dans le cours de quelques maladies aiguës , et de l'ordre plus ou moins régulier et périodique dans lequel ils se succèdent assez constamment, et se terminent par la guérison. Il est plusieurs maladies à la marche desquelles cette théorie s'adapte très-bien ; et on ne peut disconvenir que les phénomènes de la petite-vérole, soit naturelle, soit produite par l'inoculation du pus variolique, l'une et l'autre absolument inconnues aux anciens, ne se prêtent très-facilement aux principes sur lesquels on a élevé cette théorie, dont l'origine remonte aux premiers âges de la science médicale.

Une parcelle à peine perceptible de pus variolique, recueillie sur la pointe d'une lancette, est introduite sous l'épiderme. Elle y produit bientôt après une inflammation et une éruption locales ; au bout de six ou sept jours, les symptômes précurseurs d'une maladie générale se déclarent, une fièvre s'établit, et trois jours après, cette fièvre se termine sur différentes parties du corps par une éruption plus ou moins abondante de boutons pareils à ceux de la petite-vérole naturelle, et semblables à ceux dont on a emprunté le virus. Ces boutons se changent en pustules, propres elles-mêmes à répandre la contagion variolique, et dont l'humeur inoculée est capable de reproduire les mêmes symptômes, les mêmes boutons, et les mêmes pustules, et par conséquent est toujours un véritable pus variolique.

L'inoculation de la vaccine n'est point suivie de phénomènes semblables. Trois jours communément après l'insertion , jamais plus tôt, quand le vaccin est bon, quelquefois plus tard, le bouton s'annonce; dans les cinq jours suivans, il se forme et se complette, et acquiert tous les caractères qui le distinguent. Vers le huitième jour, il s'entoure d'une aréole rouge, un peu douloureuse, et sous laquelle il se forme un engorgement léger dans le tissu de la peau. Le bouton finit par se convertir en une croûte lisse d'un brun noirâtre, de la même forme que la pustule à laquelle elle succède. Il ne se fait point d'éruption dans le reste du corps; car nous ne parlons pas ici des exceptions qui sortent du caractère le plus commun de la maladie. On observe quelquefois, au moment où se forment l'aréole et l'engorgement qui lui correspond, un mouvement de fièvre presque toujours très-léger, avec un peu d'engorgement des glandes axillaires, quand l'insertion a été faite au bras. La liqueur contenue dans la pustule, prise dans le premier temps de sa formation, étant inoculée, reproduit les mêmes phénomènes, et se représente toujours sous la même forme. Ainsi tout le changement sensible que l'on peut observer à la suite de l'inoculation vaccinale, se passe dans la partie sur laquelle a été faite la piqûre, et cette opération n'entraîne point de maladie générale sensible.

Il est évident, par ce qui vient d'être dit, que l'inoculation de la petite-vérole donne lieu à une petite-vérole véritable, et que celle de la vaccine n'a point le même résultat; que par conséquent les matières insérées ne sont point semblables; ainsi la théorie de l'une de ces maladies, et de son inoculation, ne peut être appliquée à l'autre.

La seule chose commune entre l'inoculation de la petite-vérole et celle de la vaccine, est de mettre l'homme qui les a subies à l'abri du danger de contracter la petite-vérole, par quelque voie que la contagion de cette maladie puisse l'atteindre. Cette propriété, commune à l'homme qui a eu la petite-vérole naturelle, à celui qui l'a contractée par l'inoculation, et à celui qui a éprouvé la foible maladie locale produite par la vaccine, suppose cependant qu'il s'est opéré dans toute l'habitude du corps un changement général qui, dans tous ces cas, a un résultat semblable; ce résultat établit une différence essentielle entre l'homme qui a subi l'une ou l'autre de ces épreuves, et celui qui n'y a point été soumis ; différence qui, dans celui-ci, admet la contagion variolique, et l'exclut au contraire dans l'autre.

Quelle est la nature de cette différence et de ce changement ? Personne ne le sait : l'expérience seule en prouve la réalité. C'est donc de même à l'expérience à décider de la nécessité d'une éruption dépuratoire, et des dangers dont on peut être menacé quand cette éruption ne se fait pas ; car ce n'est pas d'après des théories qu'il faut juger une pareille question, c'est seulement par la comparaison des faits. Si le vaccin inséré sous l'épiderme, en donnant lieu au changement dont nous venons de parler, introduit en même temps un venin qui peut, étant conservé dans le corps, devenir la cause d'un grand nombre d'accidens et de maladies, l'observation doit le constater. C'est à cela seul que se réduit la question qui dès-lors n'est plus qu'une question de fait. .

Mais, encore qu'on ne s'appuie que sur l'expérience et sur l'observation, la multitude de circonstances souvent inaperçues, qui, en médecine, peuvent concourir à un même résultat, et la difficulté d'apprécier les rapports des causes avec les effets produits, à raison de la différence des sujets et des dispositions dans lesquelles ils se trouvent., répandent nécessairement une grande incertitude sur les conséquences qu'on déduit des faits observés. Un petit nombre de ces faits ne peut donner naissance qu'à des probabilités ; et ce n'est que par leur multiplicité et la constance des phénomènes qu'ils présentent à l'observateur, que les présomptions se changent en certitude. Si donc on veut apprécier la valeur des faits qui ont été allégués contre la vaccine, il faut les comparer à-la-fois à la nature et à la somme des faits constatés qui ont rendu générale l'opinion opposée. C'est de cette manière que nous chercherons à apprécier les autres objections dont nous avons fait connaître l'objet.

Parmi les faits dont on s'est servi pour appuyer ces objections,

quelques-uns ont été empruntés de l'ouvrage même du docteur
Woodville, intitulé : *Rapport sur le Cow-pox*, publié à Londres
en 1799, et traduit la même année en français par M. Aubert.
Feu M. Chappon avoit réuni, en 1803, dans un ouvrage intitulé :
Traité historique des dangers de la Vaccine, tout ce qui alors avait
été annoncé de contraire à la nouvelle opération. On y trouve
quelques faits remarquables que nous examinerons ; mais presque
tous les autres se réduisent à des allégations sans détails et sans
autorités, qui sembleraient avoir été rassemblés avec moins de
discernement que de prévention, si l'auteur lui-même, convaincu
à la fin de l'insuffisance de ses preuves, n'avait fini par publier
une rétractation authentique et motivée de son opinion ; rétractation qu'il a adressée aux auteurs du Journal de Médecine,
publié par MM. *Corvisart*, *le Roux* et *Boyer*, et qui a été insérée
à sa demande dans le N° de septembre 1807, tom. VI, pag. 238
de ce Recueil. D'autres faits ont été publiés dans divers écrits,
dont plusieurs ont été recueillis et discutés par les auteurs de
la Bibliothèque Britannique ; nous rappellerons ceux qu'il importe
de connaître. Plusieurs observations nous ont été communiquées ;
presque toutes celles que nous avons eu occasion de vérifier,
étaient dues à des rapports faux ou inexacts ; les autres n'of-
fraient que des faits peu remarquables, et dont les conséquences
étaient équivoques. Nous n'en citerons point les auteurs ; ce
serait les appeler à une discussion à laquelle il leur convient
peut-être de rester étrangers. Mais en général, nous dirons que
nulle observation ne peut avoir de poids que quand elle est
accompagnée des recherches nécessaires sur l'origine du virus,
sur les conditions caractéristiques de la vaccine relativement
à ses formes, à son développement, à ses effets immédiats, sur
les phénomènes qui l'ont suivie, et sur l'état des sujets vaccinés.
Au reste, nous n'avons eu intention de négliger aucun des faits
de quelque valeur qui sont venus à notre connaissance.

Nous comparerons avec ces faits 1° les résultats de la correspondance de la Société établie à Paris sous les auspices du Gouvernement, en 1804, sous le titre de Société pour l'extinction de la petite-vérole. Cette Société ayant recueilli les papiers du Comité central de Vaccination, qui s'était formé en l'an VIII ou en 1799, lors de l'introduction de la vaccine en France, et y ayant joint une correspondance très-active continuée jusqu'à l'époque actuelle, les connaissances positives qu'elle a acquises sur les effets de la vaccine observée sur toute la surface de la France, forment un des ensembles les plus étendus et les plus complets dont on puisse réunir les élémens (1). 2° Les faits consignés dans le Recueil justement estimé, intitulé Bibliothèque Britannique, et qui, depuis l'année 1798 jusqu'à présent, a présenté aux savans les principales observations recueillies sur le même sujet dans toutes les parties du Continent européen, et dans toutes les autres contrées civilisées du globe ; nous avons eu aussi à notre disposition l'ouvrage du docteur *Sacco*, intitulé : *Trattato della Vaccinatione, Milano*, 1809, où se trouve l'histoire de ce que ce médecin estimable a fait en Italie pour épandre la pratique de la vaccination. Nous ne donnerons après cela à nos propres observations d'importance qu'autant que, se réunissant aux faits contenus dans ces divers recueils, elles se trouveront confirmer à nos yeux des conséquences déjà établies par les autres observateurs ; car ce n'est point de quelques faits, vus par un seul homme, quelque instruit qu'on le suppose, que peut résulter l'évidence en pareille matière, mais du concert

---

(1) Les résultats de cette correspondance sont consignés dans un rapport du Comité central, publié en 1803 (an XI) ; deux rapports faits en séance générale de la Société en 1804 (24 frimaire an XIII), et en 1806 (12 juin) ; deux autres, l'un pour 1807 et 1808, l'autre pour 1808 et 1809 ; des notes communiquées, tirées du rapport pour 1810 qu'on imprime actuellement ; des bulletins de correspondance publiés jusqu'à ce moment sous divers n°ˢ depuis 1 jusqu'à 20.

des observations faites par un grand nombre d'hommes instruits, en différens temps, en différens pays, et dans des circonstances diverses, mais comparables.

DEUXIEME QUESTION.

Les faits observés démontrent-ils que le vaccin, introduit dans le corps, soit de nature à produire des maladies éruptives, ou des accidens qu'on doive attribuer à la difficulté, à l'imperfection des éruptions, ou à leur défaut?

On a cru trouver la démonstration de cette opinion dans les éruptions qui ont quelquefois suivi la vaccination; et c'est à l'impuissance d'effectuer complètement ces éruptions, qu'on a cru pouvoir dans ces cas attribuer des accidens funestes ou des maladies consécutives.

On trouve en effet des observations semblables dans l'ouvrage publié à Londres en mai 1799 par le docteur *Woodwille*, sur les vaccinations pratiquées par lui en 1798, dans l'origine de la découverte de *Jenner*. Dans ces observations, on remarque des éruptions précédées ou accompagnées d'accidens graves, de fièvre, d'anxiétés, de douleurs d'entrailles, de vomissemens, de diarrhées, de défaillances, de douleur et de rougeur aux yeux, de toux, de convulsions; on remarque aussi des accidens de même nature survenus sans éruptions, et on attribue alors ces accidens à l'impuissance de l'action organique pour produire une éruption nécessaire; on y trouve encore une éruption accompagnée d'accès réitérés de spasme, et suivie de mort dans un enfant à la mamelle.

Pour apprécier la valeur de ces observations et celle des conséquences qu'on en peut tirer, il faut rappeler l'histoire des observations du docteur *Woodwille*, et celle des différentes circonstances où l'insertion de la vaccine a été suivie. de différens genres d'éruptions.

Le docteur *Woodwille* était attaché comme médecin en chef à l'Hôpital des Inoculés à Londres (*small-pox-hopital.*) Il inoculait, outre cela, et dans la ville et dans les campagnes. La publication de son ouvrage, c'est-à-dire de son rapport sur le *Cow-pox*, a été faite en 1799; ce rapport renferme des observations qui presque toutes ont eu lieu en 1798, c'est-à-dire dans le temps où les propriétés du *Cow-pox* ou de la vaccine commençaient à être annoncées par le docteur *Jenner*. Le nombre total des vaccinations rapportées dans l'ouvrage du docteur *Woodwille*, se monte à cinq cent dix, sur lesquels il se trouve deux cent soixante-quatorze cas, où une éruption plus ou moins abondante s'est manifestée, et cent quarante-sept où il y a eu une fièvre plus ou moins remarquable (1).

Dans le même temps cependant le docteur *Jenner* annonçait que l'inoculation de la vaccine ne donnait lieu à aucune éruption ; il n'en avait point encore observé; et les médecins qui employaient le nouveau virus, tant à Londres que dans d'autres endroits de l'Angleterre, assuraient la même chose. (2)

Pour lors le docteur *Woodwille*, ayant envoyé au docteur *Jenner* du vaccin recueilli dans son hôpital; et en ayant réciproquement reçu de lui, le vaccin envoyé par le docteur *Woodwille*, et inséré sur plus de cent soixante personnes, tant par

---

(1) Voyez l'ouvrage du docteur Woodwille, traduit par M. Aubert, et la Bibl. Britannique, partie des Sciences, t. XII, pag. 146, 163, 172, 173, 272. Pearson *Observations concerning Eruptions.* Extr. Bibl. Brit., t. XIV, 254. Jenner *an inquiry into causes and effects of the variolæ vaccinæ.* Londres, 1798, Extr. Bibl. Brit. t. IX, p. 367, 394. Ib. Correspondance du docteur De Carro, et Rapport du docteur Woodwille, t. XII, p. 163, 290.

(2) Bibl. Brit. IX, 394; XII, 163, 293, 325.

le docteur *Jenner* que par d'autres médecins du cômté de Berkley et des environs, ne produisit aucune éruption, tandis que celui que le docteur *Woodwille* avait reçu du docteur *Jenner*, et qui, entre les mains de celui-ci, n'avait point eu cet effet, l'eut de nouveau quand il fut employé par le docteur *Woodwille* (1).

Ainsi, il semblait que ce phénomène fût comme attaché à la personne de M. *Woodwille*, puisqu'il ne dépendait assurément point de la nature du vaccin, ni même d'aucune condition générale dépendante du séjour de Londres.

Une nouvelle observation fut bientôt faite par le docteur *Woodwille* lui-même, et les éruptions qui déja au mois de juin et de juillet ne se montraient plus entre ses mains, cessèrent peu-à-peu de se montrer même dans son hôpital, quand on y eut cessé les inoculations varioliques, et suivant une progression qui en accusait bien l'origine, puisque les éruptions se réduisent sur 310 vaccinés successivement à la proportion de 19 et de 13 sur cent, puis de 7 sur 110 ; enfin de 3 ou 4 sur 100, dans plus de 2000 vaccinés observés dans son hôpital, tandis que pas une n'avait lieu dans la ville (2).

On remarqua en même temps que dans quelques villages aux environs de Londres, où la petite-vérole était épidémique, les éruptions se représentaient de nouveau avec la vaccine ; elles eurent encore lieu, en grand nombre, à Ketley en Shropshire, dans une maison où se rencontraient un grand nombre d'inoculés de la petite-vérole (3).

Enfin le docteur *Jenner*, dans une lettre au docteur *Marcet*,

---

(1) Bibl. Brit. t. XII, 293, 325; XV, 367.

(2) *Observations on the Cow-pox. Woodwille.* Lond. 1800. Extr. Bibl. Brit. t. XV, p. 370.

(3) Bibl. Brit. ibid. t. XV, p. 371.

(13)

en date du 23 février 1803, atteste que depuis, en Angleterre, sur 10,000 personnes inoculées, tant par lui que par ses neveux, pas une seule éruption n'avait eu lieu (1).

En 1807, le rapport du collège royal des chirurgiens de Londres annonce que, sur un relevé de 164381 vaccinations, 66 seulement avaient donné lieu à l'observation de quelques éruptions, ce qui donne la proportion d'un seul cas sur 2490,6 (2).

Ces observations, faites en Angleterre, se confirment par des observations analogues faites dans d'autres pays.

A l'introduction de la pratique de la vaccination en Dannemark, on observa des éruptions qui n'ont pas reparu depuis (3).

La même chose a été vue en Hanovre et à Genève, et les observations de Genève méritent à cet égard une attention particulière. C'est en 1800 et 1801, au milieu d'une épidémie de petites-véroles, que l'on a observé la première fois des éruptions abondantes pendant le cours de la vaccine ; ensuite on a cessé d'en voir ; mais en 1808 la contagion variolique fut introduite de nouveau, et donna naissance à une épidémie considérable. Alors le phénomène des éruptions a reparu de nouveau, et ne s'est pas représenté depuis (4).

L'un de nous a été témoin de la même chose à Lucques, au mois de juillet 1806. Il y régnait alors une épidémie variolique, et parmi les enfans qui furent vaccinés alors, plusieurs eurent des éruptions qui n'ont point eu lieu depuis (5).

---

(1) Bibl. Brit. t. XXV, p. 182.

(2) Bibl. Brit. t. XXXVI, p. 371.

(3) Lettre du docteur Jenner au docteur Marcet. Bibl. Brit. t. XXV, p. 182.

(4) *Odier*, Bibl. Brit. t. XX, p. 214, note ; t. XXXIX, p. 91, 93, 94 ; et t. XLV, 64, 65 note.

(5) Mémoire de la Classe des Sciences physiques et mathématiques de l'Institut, t. VIII, premier semestre 1807, p. 21.

Dans la correspondance, recueillie de toutes les parties de la France par la société formée à Paris, on n'a eu d'exemples que d'éruptions sporadiques, et le nombre de cas où elles ont eu lieu n'est dans aucune proportion remarquable.avec la quantité de vaccinations pratiquées dans l'Empire. Cette quantité, depuis les six derniers mois de l'an 1804, où la correspondance a pu s'étendre plus complètement, sous l'autorisation du Gouvernement, jusques et y compris l'année 1810, est évaluée à 2,671,661 vaccinations (1).

La nature des éruptions observées a été très-variable. Les boutons ressemblaient, en général, plus à ceux de la petite-vérole volante, qu'à ceux de la petite-vérole ; quelques-uns ont paru avoir le caractère du bouton vaccin, et quelques médecins ont assuré même avoir communiqué la vraie vaccine en se servant de la liqueur qu'ils contenaient (2). Dans d'autres cas, les boutons ont ressemblé à ceux d'une éruption miliaire ; ils étaient cependant durs et non vésiculaires ; quelquefois l'éruption a consisté dans de simples rougeurs, des plaques rouges, des ampoules (3). On pourrait mettre encore au nombre des éruptions consécutives, observées pendant la vaccine, les pustules secondaires de vaccine, survenues, soit dans les environs du bouton principal et de l'aréole, soit sur le reste du corps, s'il n'était pas démontré dans beaucoup de cas que les enfans les ont fait naître eux-mêmes en se grattant en différens endroits, après avoir rompu la pustule vaccinale, ce qui ne peut être alors regardé que comme une véritable vaccination. Au reste, les boutons les plus remarquables parmi les véritables éruptions, ceux qui se

---

(1) Notes communiquées au secrétariat de la Société établie à Paris, pour l'extinction de la petite-vérole.

(2) Bibl. Brit. t. XV , 86 , 369 ; t. XXXIX, 94.

(3) Bibl. Brit. t. XV , 82 à 88 , 369, 370, 379 ; XXXIX, 93.

rapprochaient par leurs caractères extérieurs des boutons ou vaccins ou varioliques, ont toujours été plus fugitifs que ne sont les véritables pustules de la vaccine et les boutons de la vraie petite-vérole (1).

Il résulte de la comparaison que nous venons de faire entre les observations citées et la somme des observations recueillies relativement aux éruptions qui ont accompagné les vaccinations, que la proportion des cas dans lesquels ces éruptions, ainsi que les accidens fébriles, ont eu lieu, sont avec les cas qui en ont été exempts, dans une proportion telle, que l'on ne peut attribuer ces éruptions au virus vaccin, et les regarder comme une conséquence de ses propriétés; qu'elles ne peuvent être rapportées qu'à des circonstances accessoires, soit générales, soit individuelles; que ces circonstances, qui ne sont pas toujours appréciables dans plusieurs cas individuels isolés, sont cependant dans la plupart, et sur-tout dans ceux où les phénomènes se sont montrés à-la-fois dans un grand nombre d'individus, évidemment en rapport avec les émanations varioliques réunies dans les lieux où les vaccinations se sont pratiquées, ou avec les contagions de petite-vérole épidémique; que par conséquent elles ne prouvent en aucune façon que le virus vaccin porte dans les corps, un levain qui doive être expulsé par un mouvement de fièvre et par une éruption particulière, ou par toute autre évacuation remarquable; et qu'on est en droit de tirer une conséquence directement contraire de la quantité de cas où le vaccin inséré n'a opéré de changement sensible que dans le lieu même de l'insertion, et n'a donné lieu, du reste, à aucun mouvement fébrile durable, et à aucune incommodité appréciable.

----

(1) Bibl. Brit. t. XIV, 258, 260; t. XVI, 203, 297, 299, 300.

TROISIEME QUESTION.

Le virus introduit par la vaccination est-il de nature à produire immédiatement, c'est-à-dire, pendant le développement des effets naturels de la vaccine, des accidens mortels ?

Ici se présente une seconde classe de faits qu'on a allégués comme preuves des inconvéniens et des dangers de la vaccine : ce sont les accidens mortels survenus dans le temps même où se développaient les effets immédiats de l'insertion vaccinale.

Évaluons ces preuves.

On cite une première observation tirée de l'ouvrage de M. Woodwille. L'enfant était à la mamelle (1). Le neuvième jour de la vaccination il survint une éruption de 80 à 100 boutons accompagnés de spasmes réitérés à de courts intervalles, et l'enfant mourut le onzième. Si, comme nous l'avons démontré, le phénomène des éruptions est évidemment étranger à la nature du vaccin, et aux effets naturels de son insertion, on doit en conclure que les accidens funestes survenus au milieu de ces éruptions ne lui appartiennent pas davantage. Ainsi l'on ne peut tirer de l'observation dont il question aucune conséquence favorable aux reproches faits à la vaccine.

Un second cas, digne de remarque, est tiré d'un rapport de M. Moore, que M. Chappon cite aussi comme une preuve des dangers résultans de la vaccination (2) ; le 8ᵉ ou 9ᵉ jour après la vaccination, une enfant âgée de 3 ans, jusque-là bien por-

---

(1) Traduction de M. Aubert, Rapport sur le Cow-pox, p. 108.

(2) Chappon, Ouv. cité, p. 104.

tante, est prise de toux ; le 12, d'extinction de voix ; le 14,
d'étouffement ; le 15, l'étouffement augmentant, la respiration
devient difficile, précipitée, bruyante, le bruit paraissant venir
de la trachée artère ; et ce jour même elle mourut. Il nous
semble que personne ne méconnaitra là les symptômes du *croup*.
Or, comme cette terrible maladie s'empare des enfans souvent
inopinément, et au milieu de la meilleure santé, marche avec
une rapidité effrayante, et survient dans toute autre circons-
tance que celle de la vaccination ; pourquoi, lorsqu'elle se
rencontrera dans le cours de la vaccine, l'attribuera-t-on à
l'insertion du vaccin, quand il est bien connu qu'elle est due à
des causes, soit accidentelles, soit épidémiques, totalement différentes ? On ne doit donc pas mettre ce fait au nombre de ceux
qui pourraient démontrer les dangers de la vaccination.

Doit-on compter au nombre des effets de la vaccination les
convulsions qui ont enlevé un enfant dont la mort est attribuée
encore par M. Chappon à la vaccine, et celles qui en ont enlevé
un autre au 6ᵉ jour d'une fièvre pernicieuse (1) ? Les fievres et
les maladies convulsives funestes sont-elles donc si rares chez les
enfans, que quand elles se rencontrent pendant le développement de la vaccine, ou à sa suite, on doive sans autre preuve
les lui attribuer ?

On trouve encore dans l'ouvrage de M. Chappon l'exemple
de l'enfant de M. Goupy, enfant couverte d'une gourme qui sup-
purait abondamment (2). La gourme fut mêlée, pendant le
cours de la vaccine, de beaucoup de boutons qu'on attribua à
l'effet du vaccin. Elle prit alors un caractère d'une âcreté et
d'une putridité extrême, causa de vives douleurs, amena les
convulsions et la mort.

____

(1) Ouvr. cité, p. 108, 109.
(2) Ouvr. cité, p. 102.

Quelque équivoques que dussent paraître les conséquences qu'on a voulu tirer de cette observation, nous avons cru devoir nous adresser à M. de Lafisse, médecin dont la réputation est connue et méritée, et sous les yeux duquel l'événement s'est passé ; voici ce qu'il nous a répondu :

« La petite fille de M. Goupy, dont vous me parlez, avait été vaccinée à mon insu. Elle avait la tête couverte de gourme, et les humeurs très-viciées. Son père vint me prier de la voir le neuvième ou le onzième jour de sa maladie, qui s'était déclarée peu de jours après l'insertion de la vaccine. Je la trouvai avec une fièvre *ataxique* très-grave, à laquelle elle succomba deux jours après, malgré les vésicatoires et le quinquina que je prescrivis sur-le-champ. Outre les boutons de vaccin qui s'étaient développés aux piqûres, plusieurs autres s'étaient élevés sur la tête et sur différentes parties du corps. Je crois que la fièvre ataxique était indépendante de la vaccine, qui peut-être a contribué à la déterminer, mais à laquelle l'enfant avait *une disposition très-prochaine*. Le seul reproche qui me paraît pouvoir être fait à la vaccine, c'est d'avoir été pratiquée dans des circonstances aussi défavorables. Voilà tout ce que je puis dire sur cet accident, dont j'ai été le triste témoin, etc. »

Nous n'ajouterons rien à ces réflexions de M. de Lafisse, dont la justesse nous paraît évidente. Un exemple analogue, quoique terminé d'une manière moins funeste, nous a été cité par une personne digne de confiance : nous avons cherché à le vérifier, et nous avons trouvé que le fait n'était attesté que sur des rapports évidemment faux, et par lesquels cette personne avait été induite en erreur.

Il est donc évident que dans aucun des cas dont nous venons de parler, les malheurs qui ont eu lieu ne peuvent être attribués aux propriétés du vaccin lui-même. Nous allons maintenant relever les observations qu'a fournies la Correspondance de la

Société de Paris, et ce que les auteurs de la Bibliothèque Britannique ont publié dans leur Recueil au sujet des morts survenues dans le cours de la vaccination.

Les exemples de ce genre, contenus dans la Correspondance de la Société de Paris, sont au nombre de 11. Quatre enfans sont morts de petites-véroles survenues le 2ᵉ, le 6ᵉ, le 8ᵉ et le 9ᵉ jour de la vaccination, par conséquent contractées avant elle, ou avant qu'elle eût pu produire d'effet préservatif. Deux autres sont morts de convulsions : l'un d'eux en était attaqué dès sa naissance, et n'avait que trois mois ; il est mort le 9ᵉ jour de la vaccination : l'autre était tourmenté de convulsions dues à une affection vermineuse, existante avant qu'on le vaccinât. Enfin, cinq enfans nouveaux nés, dont deux étaient attaqués d'un vice syphilitique, et les trois autres étaient dans un état de marasme, sont morts peu après leur vaccination. Ce sont-là les seuls exemples dont les registres de la Correspondance fassent mention sur deux millions et plus de six cent mille vaccinés, et aucun de ces morts ne peut être regardé comme ayant succombé aux effets de la vaccine, puisqu'ils étaient atteints, indépendamment d'elle, de maladies qui toutes pouvaient par leur nature devenir mortelles, et dont quelques-unes l'étaient nécessairement.

Les extraits insérés dans la Bibliothèque Britannique nous présentent aussi des exemples de morts survenues dans le cours ordinaire des effets de la vaccination. Plusieurs, dans des épidémies de petites-véroles meurtrières, ont été causées par la petite-vérole elle-même, qui s'est déclarée dès les premiers jours qui ont suivi la vaccination, comme on l'a vu à Genève, et dans d'autres lieux (1). D'autres fois on a dû ce malheur à des éruptions particulières compliquées avec la vaccine, dans des

____

(1) Bibl. Brit. t. XV, p. 84, 85 ; et t. XLIV, p. 290, et note, p. 291.

circonstances pareilles, et nous avons vu ce qu'on devait penser
de cette complication. Un accident malheureux, arrivé à Not-
tingham en 1801, a été amené par un érysipèle universel, observé
sur deux enfans, et qui en enleva un (1).

Si maintenant on compare le nombre des malheurs au nombre des vaccinations exemptes de ces accidens funestes, nous
verrons que l'enfant dont parle M. le docteur Woodwille en
1798, était encore le seul en 1799, sur 6000 vaccinés (2), et que,
en 1807, selon le rapport des chirurgiens de Londres, on ne
comptait encore que trois morts dans de pareilles circonstances
sur 164381 vaccinés, ce qui fait un seul sur $54793\frac{2}{3}$ (3).

D'après les faits que nous venons de rapporter, les accidens
malheureux qui sont survenus pendant le cours de la vaccine,
ont eu lieu dans le cas d'éruptions dues à l'influence coïncidente
des épidémies varioliques ; dans des cas de complication de la
petite-vérole elle-même ; dans des cas de maladies convulsives,
la plupart déja établies antérieurement à la vaccination ; dans
un cas de croup ; dans des complications d'un marasme déja
avancé, ou d'un virus syphilitique déclaré ; dans le cas d'une
complication de gourme d'un mauvais caractère, réunie aux
dispositions préliminaires d'une fièvre ataxique. Ainsi, aucune
de ces morts ne peut être regardée comme due au caractère ni
à la nature du virus même ; toutes sont ou la conséquence de
maladies étrangères bien connues, ou causées par des accidens
dont les causes, indépendantes de la vaccination, mais coïnci-
dentes avec elle, sont bien appréciées par ce que nous avons
dit précédemment.

---

(1) Bibl. Brit. t. XVI, p. 298.

(2) Bibl. Brit. t. XII, p. 325 ; XIV, p. 200.

(3) Bibl. Brit. t. XXXVI, p. 371.

QUATRIÈME QUESTION.

Le virus introduit par la vaccination est-il de nature, même après l'opération heureusement terminée, à donner naissance à des maladies consécutives plus ou moins graves, et dont l'issue peut être funeste ?

La solution de cette question est difficile, en ce que, pour l'obtenir, on est nécessairement arrêté par un assez grand nombre d'incertitudes.

Il est difficile sans doute d'établir qu'un virus introduit dans le corps et capable d'en changer les dispositions, au point de le rendre inaccessible à la contagion variolique, est incapable d'ailleurs d'y opérer aucun autre changement qui puisse intéresser la santé. Une pareille conséquence ne peut être que le résultat d'un nombre d'observations tel, que sa disproportion avec le nombre d'observations contraires ne permette d'attribuer celles-ci qu'à des causes absolument étrangères à l'insertion de ce virus.

Mais aussi les observations dont on pourrait appuyer l'opinion contraire, doivent réunir des conditions difficiles à obtenir. En effet, si quelque maladie vient à se développer après la vaccine, pour établir qu'elle ne peut être attribuée à aucune autre cause, il faut connaître quel était l'état du sujet avant la vaccination, et savoir si ses dispositions constitutionnelles ou héréditaires ne le préparaient pas aux maladies qui auront eu lieu depuis; il faut montrer que depuis la vaccination il n'a point été exposé à des causes capables de les produire; on pourrait demander encore, malgré les expériences propres à inspirer la sécurité à cet égard, si les sources dans lesquelles on a puisé le vaccin, ne pouvaient point être infectées aussi d'un levain étranger : enfin, comme, dans tous les âges et dans toutes les circonstances de la vie, plusieurs maladies se développent sans qu'on puisse en assigner les causes sensibles, celles qui surviennent après la vaccine, pour lui être attribuées, doivent, d'une part, montrer entre elles un caractère d'affinité qui accuse une origine commune, de l'autre, offrir dans leur développement une liaison plus ou moins sensible avec les effets primitifs de la vaccination à laquelle elles succèdent.

Il est donc bien juste de n'admettre en opposition avec les avantages attribués à la vaccine que des observations constatées, et dont les détails soient assez complets, pour qu'on puisse en apprécier la valeur.

Néanmoins, si le nombre des faits allégués était très-considérable, comme il serait impossible de les rapporter alors à de simples accidens, ou à des circonstances particulières qui ne pourraient être multipliées à ce point ; cette condition remplacerait même le défaut d'observations exactes, et ferait naître un ordre de probabilités qui pourrait offrir une certaine force.

C'est en ayant égard à tous ces rapports que nous tâcherons d'arriver à la solution de la question proposée.

Nous commencerons par les observations qui ont été données comme preuves qu'il existe des maladies qui doivent leur origine à la vaccine.

Parmi celles qui ont été publiées ou qui sont venues à notre connaissance, il en est bien peu qui, considérées isolément, aient le caractère d'observations exactes, et aucune ne réunit toutes les conditions nécessaires pour fixer les rapports de la maladie citée avec la vaccine à laquelle on la rapporte.

Parmi onze observations qui nous ont été spécialement communiquées, et qui, par la précision avec laquelle les faits étaient annoncés, ainsi que par la nature des témoignages avec lesquels elles nous avaient été transmises, semblaient mériter de notre part une attention particulière, nous avons eu des moyens de

recourir à la vérification de sept. Ces sept se sont trouvées for-
mellement et authentiquement démenties par les témoins ocu-
laires les plus assidus, et parconséquent les plus instruits des
faits, ou par état, ou par devoir, ou par l'intérêt qui les atta-
chait aux enfans qui ont été les sujets de ces observations.
Nous n'avons pu supposer alors dans les personnes qui nous
ont communiqué ces observations, personnes instruites et
dont nous ne pouvons suspecter la bonne foi, que le malheur
d'avoir été induites en erreur par de faux rapports sur des
choses qu'elles n'avaient pas entièrement pu voir de leurs propres yeux ; il était naturel, après cela, que l'authenticité des
autres faits qui nous étaient parvenus par la même voie, et
qu'il nous était ou trop difficile ou impossible de vérifier, nous
parût au moins suspecte.

On a cité un fait rapporté dans un Mémoire lu à une société
de médecine de Grenoble, et ce fait est allégué dans l'ouvrage de
M. Chappon (1). Un enfant, après la vaccine, eut le visage couvert de boutons, qui furent remplacés par des croûtes qui lui
donnoient un aspect hideux. Il se déclara ensuite de l'oppression,
à laquelle succéda une anasarque qui eut une issue funeste.
Malgré l'insuffisance des détails, il est bien facile de reconnaître
dans cet exposé l'éruption si familière aux enfans, designée par
le nom vulgaire de *croûte laiteuse*. Son développement, à la
suite de la vaccine, ne démontre point qu'elle ait rien de commun avec elle ; et tous les jours on voit la suppression de ces
sortes d'éruptions donner lieu, sans le concours de la vaccine,
à des symptômes graves et à des accidens funestes, dont le
siége est ou dans la tête, ou dans les organes de la respiration.

Le peu de détails exacts que contiennent les autres observations que nous aurions pu examiner, exclut naturellement l'idée

____

(1) *Voy.* l'ouvrage de M. Chappon, p. 134, 135.

de les admettre au nombre des preuves spécialement admissibles dans une pareille discussion.

Nous avons rencontré des personnes étrangères à l'art, et spécialement des parens, qui nous ont assuré que leurs enfans, vaccinés soigneusement et avec succès quant au cours naturel de l'opération et de ses effets immédiats, avaient depuis la vaccine éprouvé des incommodités, quelques-uns des éruptions vagues et une faiblesse de santé qu'ils ne connaissaient pas du tout avant la vaccination. Ces accidens avaient même, dans quelques cas, obligé de recourir à l'établissement de vésicatoires, pour éloigner des suites qui paraissaient inquiétantes. Il nous était impossible de remonter assez à l'origine de ces faits pour les apprécier complètement et les juger avec exactitude par nous-mêmes ; mais, sans refuser de croire à leur réalité, et sans révoquer entièrement en doute leur origine, nous pouvons dire que la totalité des enfans, et même des adultes, que nous avons eu occasion ou de vacciner nous mêmes, ou de faire vacciner sous nos yeux, en prenant le vaccin dans des sources sûres et sur des enfans évidemment purs, ne nous ont, jusqu'à présent, rien offert de semblable.

Il est encore une chose que l'on observe très-fréquemment, et à laquelle on doit faire une attention particulière dans l'examen de la question qui nous occupe. Souvent on voit accidentellement une impression, une émotion, une chûte, être l'occasion du développement d'une maladie à la nature de laquelle cette cause occasionnelle est évidemment étrangère. La petite-vérole elle-même s'est souvent déclarée après de pareils accidens, qui, dans d'autres cas, ont paru donner l'essor à des fièvres graves ou à d'autres maladies, dont il semble que les dispositions préexistassent, et n'attendissent que cette occasion pour s'effectuer. N'est-il pas possible que dans des circonstances qu'il n'est en notre pouvoir ni de déterminer, ni de prévoir, le mouvement qui suit la vaccination devienne ainsi l'occasion d'une maladie sans en être la cause, et fasse ce qu'aurait fait également toute autre révolution survenue dans le même temps? il n'y aurait alors là rien de propre à la vaccine, et qui tînt à la nature du virus introduit par la vaccination.

Puis donc qu'il n'est aucune des observations qu'on a recueillies jusqu'ici, qui puisse servir séparément de preuve directe à l'opinion que nous examinons; il nous reste à voir si, prises collectivement, leur nombre est tel, comparé à la somme des faits dont l'histoire nous est connue, qu'il puisse donner aux objections quelque solidité, c'est-à-dire, si ce nombre est hors de proportion avec la probabilité des accidens étrangers à la vaccine, ou des dispositions individuelles qui auraient suffi pour donner lieu aux maladies que l'on veut regarder comme des conséquences de la vaccination.

Les recueils auxquels nous avons déja eu recours pour répondre aux autres questions, nous fourniront encore des faits nombreux pour satisfaire à celle-ci.

La Correspondance de Paris ne fournit, outre les faits que nous avons rapportés dans l'examen des questions antérieures, que les résultats suivans : des érysipèles au bras, dans la proportion *d'un sur dix mille* ; des suppurations prolongées dans les boutons de vaccine, dans le rapport *d'un à six mille* ; et ce sont-là seulement des accidens locaux particuliers aux parties sur lesquelles a été pratiquée la vaccination. Quant aux accidens généraux, on n'en a observé que quand, dans des intentions particulières, on a beaucoup multiplié les piqûres, et qu'on les a portées au nombre de trente, quarante, cinquante, et même soixante ; ces accidens ont été des mouvemens de fièvre violens, des mouvemens convulsifs ; aucun cas connu n'a été suivi de conséquences funestes. On doit bien supposer que les faits recueillis par la Société de Paris sont toujours ceux où la vaccine

a eu son développement, ses périodes, et ses caractères extérieurs tels qu'ils doivent être pour caractériser une véritable
vaccine ; ce qui n'est pas une distinction aussi futile que quelques personnes ont voulu le faire croire (1).

Les faits fournis par le Recueil de la Bibliothèque Britannique
nous présentent les résultats suivans, parmi lesquels nous ne
tiendrons compte d'aucune proposition générale donnée comme
conséquence d'une somme indéterminée de faits. Nous ne parlerons que de ceux qui sont annoncés avec une précision telle
qu'il en puisse résulter une idée exacte.

Ainsi, en 1800, M. Odier annonce qu'à Genève, sur quinze
cents vaccinations, on n'avait eu connaissance d'aucun accident (2).

Le docteur Anderson écrit, le 13 août 1804, du fort Saint-
Georges de Madras, à la Société Jennérienne de Londres, que les
vaccinations faites par les médecins anglais et indous de la pré-
sidence de Madras, sur un nombre d'Anglais, de Portugais, de
Bramines, de Malabares, de Gentous, de Mahométans, de Demicastes, de Pariahs, de Marattes, de Canadiens, et de Raiaputs, s'élevait en tout à 145848 personnes, et qu'on n'avait
observé sur ce nombre aucun accident (3). Le compte en a été
fait en 1803, et publié en 1804 par le Gouvernement de Madras.

---

(1) Jenner, *Further Observations*. Bibl. Brit. XV, 269, etc.

(2) Bibl. Brit. t. XVI, p. 99.

(3) Bibl. Brit. t. XXX, p. 279. Les détails du relevé donnent seulement 18
personnes de moins que l'énoncé de la proclamation. Voici ce relevé : Européens
(Anglais), 165 ; Portugais (Créoles) , 1092 ; Bramines, 4141 ; Malabares,
41806 ; Gentous, 40022 ; Mahométans, 10926 ; Demicastes, 444 ; Pariahs,
35975 ; Marattes, 440 ; Canadiens, 10367 ; Raiaputs, 462 ; en tout 145830.
Cette énumération ne peut paraître superflue ici, puisqu'elle présente les effets
de la vaccine dans toute la diversité possible des rapports dépendant de la différence des hommes, et de la variété des habitudes et des circonstances.

En 1806, la Société Jennérienne de Londres, sur des bruits répandus au sujet de la vaccine, à laquelle spécialement on attribuait des maladies particulières, effrayantes, et jusqu'alors, disait-on, inconnues, a fait faire des recherches exactes dont les résultats, réunis sous XXII titres différens, contiennent, au titre XXI, que la maladie produite par la vaccine est en générale légère et sans conséquences; et que les cas qui seuls seraient contraires à cette conclusion, en petit nombre relativement au nombre total des vaccinations pratiquées, peuvent être très-naturellement attribués à la constitution et aux dispositions particulières des individus qui ont offert ces exceptions (1).

Depuis ce rapport, et en 1807, la Société des chirurgiens de Londres en a fait un dont les bases sont plus précises, et dont les auteurs montrent une extrême réserve sur les conséquences qu'ils auraient pu déduire des résultats obtenus. Déja nous avons dit, en parlant des éruptions consécutives, que l'on n'en avait eu que 66 exemples sur 164361 vaccinés. Vingt-quatre affections érysipélateuses ont seulement été observées sur le même nombre de 66, et c'est sur celles-ci qu'on doit compter les trois seules morts qui aient eu lieu après la vaccination, et dont nous avons déja fait mention. Tous ces relevés sont le résultat des réponses de 426 correspondans dont le témoignage avait été provoqué par des lettres circulaires (2).

Dans un autre endroit on fait mention des mêmes érysipèles, probablement compris depuis dans les 24 dont il vient d'être question; et on en attribue le développement à la trop grande profondeur des incisions, au moyen desquelles le vaccin avait été porté trop avant au-dessous de la peau, au lieu d'être seule-

---

(1) Bibl. Brit. t. XXXII, p. 75 et 82.

(2) Bibl. Brit. t. XXXVI, p. 371.

ment introduit entre elle et l'épiderme. D'autres observations pourraient donner quelque probabilité à cette présomption, que nous ne cherchons pas à apprécier ici (1).

A Alep, M. *Barker*, consul anglais, est parvenu à familiariser les habitans avec la pratique de la vaccination. Six cents ont été vaccinés en 1806, sans qu'on ait observé ancun accident à la suite de ces vaccinations (2).

En 1803, le Gouvernement espagnol fit la noble et généreuse entreprise de commander une expédition qui fut terminée en 1806, et dont le but unique était de répandre dans toutes les possessions américaines et asiatiques de l'Espagne les nouveaux moyens de préserver ces colonies du fléau de la petite-vérole.

On embarqua un certain nombre d'enfans qui devaient être successivement vaccinés dans la traversée; la vaccine fut ainsi portée aux Canaries, à Portoricco, aux Caracas, dans la province de Guatimala, dans toute la Nouvelle-Espagne, aux Philippines, à Macao et à Canton, aux îles Visayes, où une nation ennemie, frappée de cet acte de générosité de la part des Espagnols, y fut assez sensible pour poser immédiatement les armes. Les colons de Sainte-Hélène, qui jusque-là avaient refusé la vaccine des mains de leurs propres compatriotes, la reçurent des Espagnols; les provinces de Terre-Ferme et de Carthagène, le Pérou, etc., reçurent aussi successivement la vaccine, qui fut

---

(1) Bibl. Brit. t. XVI, p. 298. Cette différence entre l'effet des insertions superficielles sous l'épiderme et celui des insertions profondes dans le tissu même de la peau, est encore plus remarquable dans les animaux, et spécialement dans les moutons, sur lesquels l'inoculation du claveau sous l'épiderme a été trouvée efficace et exempte d'accidens, tandis que, portée profondément sous la peau, elle a été suivie de furoncles, d'anthrax, de gangrènes. Le tissu, les fonctions et les propriétés de l'organe ne sont nullement les mêmes à ces diverses profondeurs. (Annales d'Agricult. obs. de M. Picot la Peyrouse, t. XLVI, p. 281, 286, 293, 294).

(2) Bibl. Brit. t. XXXII, p. 394 et 400.

même trouvée indigène près de Puebla-de-los-Angeles, non loin de Valladolid, et dans les Caraques ; et le vice-roi de la Nouvelle-Espagne a attesté que, sur 50000 individus vaccinés dans son seul gouvernement, aucun accident défavorable n'était parvenu à sa connaissance (1).

A *Echaterinoslaff*, le duc de Richelieu, gouverneur de Crimée, assure que, sur 7065 individus vaccinés dans l'espace de six mois, de 1809 à 1810, pas un n'a éprouvé d'accidens, à l'exception d'un seul chez lequel la petite-vérole se déclara le lendemain de la vaccination (2).

Enfin, en 1810, M. *Curioni*, ministre de l'intérieur à Milan, a écrit à M. *Sacco* que d'après tous les relevés faits dans ses bureaux, non-seulement nulle petite-vérole ne s'est montrée sur les individus vaccinés, non-seulement des épidémies ont été bornées et arrêtées par la vaccination, mais encore aucune maladie consécutive n'a succédé à la vaccine (3).

Il nous semble que le petit nombre d'observations contraires qui ont pu être recueillies, et parmi lesquelles on ne doit point compter celles qui n'ont aucune garantie et qui se bornent à des assertions sans preuves et sans détails, disparaît devant une pareille masse de faits ; et quand on admettrait, ce qui n'est pas improbable, que dans les observations que nous venons de rassembler, on en eût négligé qui eussent fait exception aux conséquences générales qu'on en doit déduire, et qui eussent présenté des maladies qu'on eût pu regarder comme déterminées par la vaccination, il n'en serait pas moins vrai qu'on devrait les attribuer à des circonstances très-particulières, et

____

(1) Bibl. Brit. t. XXXV, p. 239. Le Rapport de cette expédition a été fait au roi d'Espagne, le 7 septembre, par le docteur F. X. Balmis, chirurgien du roi, et l'un des chefs de cette expédition.

(2) Bibl. Brit. t. XLIV, p. 286.

(3) Bibl. Brit. t. XLV, p. 288 ; et *Trattato della Vaccinazione*, p. 210.

absolument individuelles, et nullement à la nature du virus introduit et à ses propriétés spéciales.

CINQUIÈME QUESTION.

Si l'inoculation de la petite-vérole a eu l'avantage de favoriser quelquefois la guérison de certaines maladies chroniques, cet avantage lui est-il particulier, et doit-il lui assurer une préférence distinguée sur la vaccination ?

Cette cinquième question ne présente pas moins de difficultés que la précédente.

En parlant des maladies dont on a voulu rapporter l'origine à la vaccine, nous aurions pu dire que le même reproche avait quelquefois été fait, non sans quelque fondement, à la petite-vérole et à l'inoculation ; et pour mettre de côté les écrits antérieurs suspects de partialité, contentons-nous de citer les auteurs de la Bibliothèque Britannique, qui en ont rapporté quelques exemples (1). Mais aussi l'on a cité des faits qui semblent opposés et dans lesquels l'inoculation a paru être l'époque d'un changement avantageux, par la cessation de diverses infirmités, par l'affermissement de la santé et de la constitution des individus inoculés.

Ces avantages ont été ou attribués à la perfection de l'éruption et à la régularité du mouvement général qui l'accompagne, ou regardés comme l'effet des suppurations prolongées sur le lieu des piqûres ou des incisions qui avaient servi à l'inoculation, phénomène que l'on a cherché à imiter aussi à l'aide d'une suppuration supplémentaire provoquée par des vésicatoires entretenus à la suite de l'inoculation, quand les circons-

---

(1) Bibl. Brit. t. IX, p. 395.

tances ont paru l'exiger. On a cru que ces évacuations avaient pu épuiser et détruire les causes antérieures des maladies au milieu desquelles la petite-vérole s'était développée.

Les observateurs ne regarderont point comme une contradiction de dire que le mouvement excité par l'insertion d'un virus tel que celui de la petite-vérole, puisse également donner lieu à des résultats qui semblent diamétralement opposés. Ces effets ne paraissent contradictoires, que parce qu'ils varient selon la disposition et la force des sujets qui reçoivent le virus, et selon que les phénomènes essentiels de la maladie que ce virus produit s'accomplissent avec plus ou moins de force, de régularité ou de perfection. Le fait existe. La seule conclusion à laquelle il nous paroisse pouvoir donner lieu, est que ces effets tiennent à des lois générales qu'il ne s'agit point ici d'expliquer, et qu'il ne faut point les regarder comme les résultats d'une propriété spécifique, qui, si elle existait, ne pourrait donner naissance à des conséquences aussi diverses.

Il faut cependant convenir, quelque frappantes que paraissent les observations à cet égard, qu'elles ne nous conduisent pas à une démonstration rigoureuse. Ainsi, quand on dit que l'inoculation favorise la guérison d'une maladie, il faut d'abord réduire la proposition à la plus simple expression du fait observé. Ainsi une personne était atteinte d'une maladie longue, et d'après le caractère connu de cette maladie et ses progrès, on ne pouvait pas concevoir un espoir prochain de guérison. La personne a été inoculée, et à la suite de l'inoculation, la guérison s'est opérée d'une manière inattendue. Voilà le fait : pour en tirer la conséquence, et établir la liaison de l'inoculation comme cause, et de la guérison comme effet, il faut que le même fait ou ses analogues aient été, sinon constamment, du moins assez souvent observés, pour qu'on ne puisse pas raisonnablement attribuer à une coïncidence fortuite le concours de l'inoculation d'une part, et de la guérison de l'autre.

(32)

On cite des exemples de dartres persévérantes, héréditaires même ; de cachexies anciennes, scorbutiques, psoriques ; de gales ulcéreuses, qui, diminuant peu-à-peu pendant la suppuration des parties inoculées, ont fini par disparaître ; la suppuration s'est tarie, et les maladies ne sont pas revenues. La santé alors s'est fortifiée, et les malades ont été parfaitement rétablis. Le caractère des personnes qui ont attesté ces faits, ne nous permet pas de les révoquer en doute, et nous les admettons ; mais pour établir que les avantages dont on les croit une preuve suffisante, doivent faire accorder à l'inoculation une préférence décidée sur la vaccine, il faudrait au moins établir que celle-ci n'a point été suivie de phénomènes semblables. Mais le contraire résulte des observations recueillies par la Correspondance de Paris, et de plusieurs faits annoncés dans les ouvrages extraits par les auteurs de la Bibliothèque Britannique (1), et le nombre en est considérable. La variété des faits fournis par la Correspondance de Paris est même telle, qu'elle serait peut-être faite pour inspirer quelque défiance. Aussi n'indiquerons-nous que ceux sur lesquels le nom et les titres acquis des auteurs peuvent appeler l'attention, ou dont les détails méritent d'exciter quelque intérêt. Sans prétendre en déduire aucune conséquence, nous allons en présenter un résumé succinct.

M. *Richard Dunning*, de Plymouth, dans un ouvrage publié à Londres en 1800, intitulé *Some Observations on Vaccination*, etc. section IV, en parlant des effets de la vaccination sur la santé, dit en général qu'il a vu la santé se fortifier à la suite de la vaccination ; mais il cite spécialement deux exemples, l'un d'une jeune fille issue d'un père phthisique, sujette à des vomissemens,

---

(1) Bibl. Brit. t. IX, p. 396 ; XV, 382 ; XXXV, 245 ; XLV, 168, et la note.

ayant habituellement de l'oppression, un teint pâle, et que M. Dunning appelle cadavéreux, le visage parsemé de taches livides ; la vaccine fut heureuse et bénigne, et l'enfant ensuite recouvra graduellement en peu de mois la meilleure santé possible ; le second est d'un enfant de deux ans, naturellement délicat, convalescent d'une inflammation de poitrine, pâle encore, très-faible et oppressé ; après avoir été vacciné, il recouvra promptement ses forces, de l'embonpoint, une respiration libre et facile, et une excellente santé. M. Maunoir, de Genève, ajoute à cette occasion l'exemple d'un enfant dont le bras était couvert de taches dartreuses, et dans lequel, pendant la vaccine, les taches s'enflammèrent, formèrent chacune un bouton, que M. Maunoir regarda comme semblable à celui de la vaccine, et qui fut suivi de la guérison des dartres. Le même observateur assure avoir vu, même après la fausse vaccine, une amélioration sensible de la santé dans des enfans faibles et délicats (1).

On annonce des résultats semblables de l'expédition espagnole, avec le projet de les publier (2).

Le docteur Sacco, dans son Traité *della Vaccinazione* (Milano 1809), assure que, vaccinant des enfans atteints de paralysie ou de faiblesse partielle dans les bras ou dans les extrémités inférieures, d'affections chroniques, de glandes et d'autres genres de cachexies, il leur fit à dessein un grand nombre de piqûres, qu'il porta au nombre de trente à quarante, et que quelques uns guérirent parfaitement, et d'autres éprouvèrent un soulagement considérable (3).

---

(1) Bibl. Brit. t. XV, p. 383, et la note. MM. de la Mark, et Gaultier de Claubry, nous ont communiqué deux observations dont ils ont été témoins, et qui ont un grand rapport avec celles de M. *Dunning.*

(2) Bibl. Brit. t. XXXV, p. 245,

(3) *Trattato della Vaccinazione,* cap. VI, p. 112, not. *a* ; et Bib. Brit. t. XLV, p. 168.

M. *Barrey*, de Besançon, observe que la vaccination avait été pratiquée en 1804 dans trois villages de son département, sur cent quarante-un enfans au-dessous de douze ans, faisant plus de la moitié de tous les enfans de cet âge existans dans ces communes. En 1807, il y avait cent trente-quatre de ces enfans jouissant d'une parfaite santé, sept seulement étant morts de diverses maladies; mais sur les enfans non vaccinés, quoiqu'il n'y eût eu dans le pays, pendant ce temps, aucune atteinte de petite-vérole, il y avait eu au contraire quarante-six morts. Si, dans ce dernier nombre, on ne comprend que les enfans existans lors de la vaccination, et non ceux qui sont nés dans les années de 1804 à 1807, il faudrait alors en conclure que la vaccine aurait rendu les enfans vaccinés moins susceptibles des autres causes de mortalité, et par conséquent aurait diminué pour eux le nombre des maladies; mais on sent qu'il manque ici à l'observation de M. Barrey un degré de précision nécessaire pour en faire apprécier la valeur..... (1)

Les faits contenus dans la Correspondance de Paris se présentent encore en bien plus grand nombre; et si l'on se refuse à admettre toutes les guérisons comme déterminées par le mouvement qu'a excité la vaccine dans les individus atteints de maladies aussi diverses, on admettra du moins le fait de la coïncidence de leur guérison et de leur vaccination; alors de la multiplicité des faits naîtra au moins la présomption d'une influence utile de la vaccine dans ces circonstances, outre la certitude qu'elle n'y a ajouté aucun élément nuisible.

Les noms des observateurs, les lieux où ils ont observé, le genre des observations, sont marqués avec précision dans les notes qui nous ont été remises; et un assez grand nombre d'observa-

---

(1) Bibl. Brit. t. XXXIX, p. 95; et De la Vaccine et de ses effets, par C. A. Barrey; Besançon 1808. Voyez encore une observation semblable, Bibl. Brit. t. XXXVI, 352, 353. Note de M. Odier.

tions sont rapportées avec détail, tant pour les phénomènes que pour les méthodes employées, et pour le nombre des piqûres faites, dans le dessein de provoquer un mouvement plus considérable, plus général, et, à ce qu'on pouvait espérer, plus efficace (1).

On doit ici remarquer plus particulièrement les maladies qui affectent les organes et les fonctions qui appartiennent spécialement au système lymphatique : c'est aussi par ces maladies que nous commencerons. *Quatorze* observateurs ont donné un grand nombre de faits sur les *croûtes laiteuses*, terminées après la révolution de la vaccine ; une entre autres, après une suppuration des boutons-vaccins, prolongée pendant vingt-sept jours. *Sept* observateurs ont envoyé un nombre considérable d'observations, dont deux sont accompagnées de détails, et dont le résultat est la terminaison, sans autre traitement, d'*affections dartreuses étendues* sur tout le corps, et couvrant spécialement les bras ; dans l'un des cas, la guérison a été précédée d'une inflammation vive autour des piqûres, et d'une suppuration prolongée pendant un mois. *Dix-huit* observateurs ont rendu compte d'*ophthalmies chroniques et rebelles sur des enfans affectés de dispositions scrophuleuses*, guéries après le développement complet de la vaccine. Huit de ces observations sont détaillées. Dans plusieurs cas, les piqûres ont été multipliées et portées à quinze et vingt ; quelques-unes ont été faites à la nuque ; dans la plupart, les suppurations ont été fort prolongées ; quelquefois on les a soutenues par des vésicatoires ; mais dans tous les cas, avant la vaccination, ces mêmes moyens et tous les autres précédemment employés étaient restés sans efficacité. *Douze* observateurs ont rapporté des faits nombreux relatifs à la terminaison *des scrophules* après la vaccination. Huit de ces observations sont détaillées. Dans une, les scrophules étaient compliquées d'ophthalmie ;

---

(1) Voyez les Rapports et les Notes dont nous avons parlé page 9.

seize piqûres furent faites aux jambes; l'enfant, le septième jour, ouvrit les yeux, et supporta la lumière. L'inflammation des piqûres fut forte ; les glandes inguinales s'engorgèrent ; les tumeurs scrophuleuses disparurent, et la guérison fut complette; mais on crut devoir la rendre encore plus sûre, à l'aide d'un cautère pratiqué à une des jambes; dans une autre, les tumeurs scrophuleuses étaient ouvertes ; elles donnaient une mauvaise suppuration, les chairs étaient pâles et fongueuses. Pendant le mouvement de la vaccine, les bords des ulcères prirent de la rougeur, de la chaleur, de la dureté; la suppuration devint moins abondante et moins sanieuse; beaucoup d'humeurs se portèrent au bras vacciné; les tumeurs scrophuleuses se cicatrisèrent au bout d'un mois ; les boutons de la vaccine suppurèrent pendant trois mois, et la guérison fut complette.

Depuis l'établissement de la vaccine dans le département du Mont-Blanc, M. *Caron*, médecin à Annecy, assure que le nombre des affections scrophuleuses, si communes dans ce pays, est sensiblement diminuée; et M. *Bacon*, médecin à Falaise, annonce que dans l'hospice des enfans, qui jadis était généralement infecté de scrophules, on n'en voit plus actuellement aucun exemple. *Quatre* observateurs envoient plusieurs observations, dont cinq sont fort détaillées, et ont pour objet des *cas de rachitisme*, non pas certainement guéri, mais modifié d'une manière remarquable, et dont les progrès ont été sensiblement arrêtés ou retardés à la suite de la vaccine. La marche raffermie, les forces augmentées, la solidité de la station rétablie; sont les effets les plus sensibles qui en soient résultés; et, dans ces cas, des piqûres nombreuses et particulièrement disposées le long de la colonne épinière, ont été les moyens par lesquels on se flattait d'obtenir ces succès. *Trois* observateurs ont parlé de la *teigne;* une de leurs observations est détaillée, et a pour sujet une teigne faveuse, fournissant abondamment une humeur jaunâtre de la consistance du miel. On fit les piqûres à la tête même, et au nombre de douze ; à la chûte des croûtes vaccinales, les croûtes teigneuses se séchèrent, tombèrent, et la guérison suivit cette chûte. *Cinq* observateurs fournissent plusieurs faits de vaccine pratiquée au milieu *de maladies nerveuses;* cinq sont détaillées. Une *migraine* qui tourmentait habituellement un jeune homme de quatorze ans depuis plusieurs années, a cessé après une suppuration des boutons vaccins, qui s'est prolongée pendant cinq semaines. Des *convulsions journalières*, durant depuis dix mois, dans un enfant âgé de vingt mois, résistant à tous les traitemens, ont diminué de force pendant le cours de la vaccine, et ensuite ont cessé entièrement. Plusieurs maladies convulsives, dont quelques-unes, et *trois* spécialement, étaient *épileptiques*, sont suspendues pendant le cours de la vaccine ; leurs accès ultérieurs sont éloignés après ce cours accompli ; trois enfin, dont une était héréditaire, ont cessé absolument pour ne plus reparaître. Un d'eux, dont les accès revenaient tous les jours, fut vacciné pendant son sommeil, parce que la vue de la lancette aurait provoqué un accès ; les retours de l'épilepsie cessèrent chez lui, à dater du neuvième jour de la vaccination. Dans celui dont l'épilepsie était héréditaire, et qui a été guéri, la vaccination a été pratiquée par incision, et les pustules ont été converties en cautère. *Dix* observateurs fournissent plusieurs observations, dont quatre sont détaillées, et ont rapport à *des fièvres périodiques et rebelles*, quartes, doubles-tierces, quotidiennes ; elles ont cessé après la vaccine. Deux quotidiennes, sur des jeunes gens âgés de vingt-huit ans, duraient depuis dix mois ; une double-tierce, dans un enfant de trois ans, durait depuis trois mois ; elles cessent après la vaccination ; enfin, sur quatre sujets atteints de fièvre intermittente, et vaccinés, la vaccine ne se développe que sur un seul, et celui-là seul est délivré de la fièvre.

Plusieurs autres observateurs, au nombre de *quatorze*, ont fourni plusieurs faits remarquables sur *diverses autres maladies*, et plusieurs avec des détails assez étendus. Dans un enfant d'un an, une *paralysie du bras gauche*, persistant depuis deux mois, a cessé un mois après la vaccine, pratiquée par six piqûres faites sur le membre malade ; un grand nombre de *coqueluches*, même avec dévoiement, ont été suspendues, modérées, terminées ; les *suites obstinées d'une rougeole supprimée*, avec enflure des pieds, toux sèche, fièvre, diarrhée, ont cessé après une vaccine développée par vingt boutons, dans la suppuration desquels une fièvre forte, une éruption miliaire, se sont montrées, et ont été immédiatement accompagnées d'une amélioration sensible ; au bout d'un mois et demi la guérison fut parfaite. Une *douleur articulaire profonde, dans l'articulation coxo-fémorale* de la cuisse gauche, survenue dans un enfant de neuf ans, avec une menace de luxation spontanée, allongement du membre, claudication évidente, douleurs exagérées par la marche, a été traitée par dix-huit piqûres autour de l'articulation affectée ; seize boutons, dont les aréoles étaient confluentes, excitèrent de la fièvre du 8 au 9, suppurèrent ; et peu après la douleur articulaire fut dissipée, et la guérison a paru complette. Un *engorgement du genou*, prenant le caractère *de tumeur blanche*, dans un enfant de huit ans ; une *dureté de l'ouïe* croissant depuis dix-huit mois dans un enfant de six, disparurent également après la vaccine.

Tels sont les faits que nous avons recueillis concernant les maladies existantes à l'époque de la vaccination, et terminées à la suite des effets consécutifs de cette opération. Nous n'avons cité que ceux qui sont rapportés d'une manière précise. Nous ne pensons pas qu'on doive toujours les regarder comme des guérisons dues à la vaccine ; isolément, nous ne verrions dans chacun que la coïncidence de cette guérison et de l'opération ;

mais collectivement, il nous semble que le nombre de ces faits, et les circonstances qui ont accompagné ceux que nous avons indiqués spécialement, font naître au moins une présomption qui ne peut être que favorable à la vaccine, et qui nous paraît plus que capable de balancer les faits qui ont été cités en faveur de l'inoculation variolique, suivant quelque méthode qu'elle ait été pratiquée. Nous conviendrons cependant que la comparaison de la vaccine et de l'inoculation, sous ce rapport, ne peut se faire sous des conditions égales, parce que la manière dont s'est établie la pratique de la vaccine a été bien plus favorable à la réunion de tous les faits qui peuvent en faire apprécier les avantages, que ne pouvait être l'état où se trouvait à la fin du dernier siècle l'inoculation de la petite-vérole. La vaccine, sous la protection spéciale de la puissance publique, est devenue l'objet d'une correspondance régulière et active, dans laquelle peu de faits ont échappé aux observateurs, qui n'ont pu être égarés que par leur zèle. Au lieu que l'inoculation, favorisée moins immédiatement par les gouvernemens, était devenue l'objet d'entreprises où l'esprit de cupidité dominait bien plus que celui d'observation.

On demandera peut-être actuellement, en admettant une balance entre les avantages de la vaccine et de l'inoculation considérées comme remèdes de diverses maladies, s'il ne serait pas important de conserver au moins, dans l'inoculation de la variole, un moyen dont on pourrait encore tirer d'utiles résultats.

En réponse à cette question, nous dirons qu'il faut bien dans cette balance faire entrer les dangers d'une contagion singulièrement subtile, persévérante, comme celle de la petite-vérole, en parallèle avec un virus comme le virus vaccin, dont la transmission ne peut se faire ordinairement que de la manière la plus immédiate, parce que les moindres altérations en font évanouir toutes les propriétés. Il faut aussi compter pour quelque chose

l'espérance aujourd'hui fondée d'éteindre les épidémies varioliques. Nous demanderons si l'on croit que des maisons d'inoculation, même établies sous la surveillance de la police, pourraient
être soumises à des lois assez sévères, et à une séquestration
assez exacte, pour empêcher efficacement la propagation de la
contagion variolique ; si l'on croit que cette précaution ne serait
nécessaire que pour la classe indigente, qui seule pourrait y
être aisément contrainte ; si, au contraire, quiconque connaît
les hommes et la société ne sera pas persuadé de la difficulté
d'atteindre ce but, quand il songera combien facilement l'impru-
dence la plus légère et la plus inaperçue pourra renouveler
une contagion funeste, et combien, non-seulement parmi les
classes indigentes, mais encore parmi les plus aisées, et peut-
être parmi les hommes même chargés d'assurer l'observation des
lois, les imprudences, les inattentions, et même l'insouciance,
sont malheureusement communes, et, jusqu'à un certain point,
inévitables. Nous pensons donc, même en admettant, sous le rapport que nous venons d'examiner, une simple égalité de preuve
en faveur de la vaccine et de l'inoculation, que la préférence
est tellement due à la vaccine, qu'il ne semble plus possible de
balancer entre elle et l'inoculation variolique.

SIXIEME QUESTION.

*Dans quelle mesure la faculté préservative de la vaccine est-elle
assurée, comparativement avec l'avantage semblable qui résulte
et de la petite-vérole naturelle et de la petite-vérole inoculée ?
quelles conséquences dérivent respectivement de cette propriété,
considérée dans l'un et l'autre virus.*

On ne dispute plus à la vaccine la propriété de préserver de
la petite-vérole ; et cette question, qui était dans le commencement la plus importante de toutes, est devenue, pour ainsi dire,

accessoire au milieu de celles qui ont été élevées au sujet de la vaccine, et dont nous croyons avoir résolu les plus importantes. Cependant à la question de la préservation se rallient un assez grand nombre d'autres, telles que celles qui sont relatives à la *vraie* et à la *fausse vaccine;* à la petite-vérole, et aux éruptions qu'on a confondues avec elle; à la population, et aux changemens qui ont pu être apportés à la mortalité depuis l'introduction de la vaccine; enfin, à l'espérance de détruire la petite-vérole, et d'empêcher la naissance ou le renouvellement des épidémies varioliques dans les contrées civilisées du Monde.

L'idée de la faculté préservative de la petite-vérole se partage en deux questions. L'une peut se poser ainsi : *Un individu, une fois vacciné, placé dans les circonstances propres à développer la petite-vérole et qui lui donnent généralement naissance, sera-t-il pour-lors exempt de contracter cette maladie ?* La solution de cette question ne peut s'obtenir que de l'expérience multipliée; et cette solution donnera alors, non des certitudes complètes, mais des degrés de probabilité proportionnels au nombre d'expériences tentées pour résoudre la question.

L'autre serait celle-ci : *Est-il impossible que la petite-vérole ait lieu dans un individu vacciné ?* L'expérience ne peut point décider affirmativement la question ainsi posée, tandis qu'une seule observation contraire suffit pour la décider négativement. Mais cette observation n'existât-t-elle pas, la question serait encore insoluble, parce qu'alors il faudrait pour la résoudre avoir la connaissance exacte de la nature du virus variolique, de la nature du virus vaccin, de toutes les conditions extérieures qui peuvent établir ou exclure la contagion, et enfin des dispositions par lesquelles un homme se trouve à l'abri de la contracter; toutes choses qui nous sont encore absolument inconnues.

C'est donc à la première question qu'il faut essentiellement nous attacher, et chercher sur quelle mesure de probabilités se fonde la confiance que l'on doit avoir dans la vertu préservative de la vaccine. Telle est la nature de la question à résoudre. Il nous paraissait nécessaire de la bien fixer avant de recueillir, comme nous l'avons fait pour les autres questions, les élémens positifs de sa solution. Établissons avant tout la nature des faits qui doivent constituer ces élémens.

D'abord il est évident qu'il faut écarter de ce nombre tous les faits dans lesquels le caractère de la vaccine n'aura pas été bien constaté; et quoique quelques personnes aient cherché à faire regarder comme une subtilité la distinction entre la vraie et la fausse vaccine, on doit leur répondre, que quand les caractères, pris de l'époque du développement, de la forme et de la structure du bouton, de la nature de l'humeur qui y est contenue, de la manière dont s'en fait la dessiccation, et du stigmate qui reste après la chûte, sont aussi distincts les uns des autres, que ceux de la vraie et de la fausse vaccine; quand à l'évidence de ces distinctions se joint la détermination exacte des circonstances dont dépend le plus généralement ou le défaut de réussite dans la vaccination, ou la formation de la fausse vaccine; telles sont l'époque trop retardée à laquelle a été pris le virus, les altérations éprouvées par le bouton propres à y faire naître une matière purulente et à la mêler à la liqueur essentiellement limpide du vaccin, celles que le vaccin éprouve si facilement lorsqu'il est transporté et affecté par quelque cause que ce soit (1); il n'y a plus d'équivoque, et la distinction entre les

---

(1) La facilité que le vaccin a à s'altérer par le transport, par l'exposition à l'air, et par le temps, et la difficulté de le conserver pur et efficace sont connues de tout le monde. Délayé par l'eau, il perd plus facilement ses propriétés. (Bibl. Brit. t. XII, 166, 167; 173, 174). En Russie, un froid de 18 à 20 degrés en anéantit l'effet. (*Correspondance du docteur Rehmann*, ib. t. XXXIV, 297). Dans les expériences du *docteur Sacco*, répétées chaque fois sur six enfans, et par 36

deux genres de boutons est parfaitement établie, et peut être facilement constatée.

C'est d'après l'expérience acquise par les premières erreurs que cette différence a été ainsi déterminée. On a eu à Paris la fausse vaccine, et l'on a mal connu les effets de la vraie, jusqu'au moment où le docteur Woodwille a fait le voyage de France, et a naturalisé parmi nous la vraie vaccine (1). A Genève, la fausse vaccine en a imposé, et, pendant 21 mois, a trompé les espérances des médecins, jusqu'en mai 1800 (floréal an VIII), époque où le virus envoyé par M. Pearson réussit enfin complètement (2).

Les caractères distinctifs de la vraie et de la fausse vaccine ont déja été indiqués dans le rapport inséré dans le tome V des Mémoires de la Classe des Sciences Physiques et Mathématiques. Ils ont été publiés à diverses époques par le Comité Central de la Société de Paris; ils sont tracés en plusieurs endroits du Recueil de la Bibliothèque Britannique, et dans beaucoup d'autres écrits; le docteur Sacco a donné à la suite de son ouvrage de très-

---

piqûres, le virus délayé dans l'eau à o d. a donné 28 boutons; dans l'eau de 5 à 3o d. de température, 3o boutons; dans l'eau à 5o d., 2 seulement; dans l'eau gommée à température moyenne, 3o; dans l'eau tenant un peu d'ammoniaque en dissolution, 3o boutons; dans la salive, 32. Tous les autres mélanges ont considérablement diminué ou même anéanti l'efficacité du virus. Sur 24 piqûres, faites sur divers enfans, le vaccin laissé à l'air pendant 5 heures donna 22 boutons; exposé à l'air pendant 24 heures, 20 boutons; exposé pendant 3 jours, 15 bout. Le contact des autres gaz a affaibli la valeur du vaccin dès les cinq premières heures, mais il a été moins affaibli par les gaz hydrogène, ammoniac, acide carbonique et azote que par les autres. Ses effets ont été immédiatement anéantis par les gaz nitreux, muriatique, et muriatique oxigéné. La lumière contribue à accélérer les altérations que l'air lui fait éprouver. *Trattato della Vaccinazione*, p. 185 et 187.

(1) Rapport du Comité Central pour 1803 (an 11), p. 12.

(2) Bibl. Brit. t. XIV, p. 99; t. XV, p. 76; t. XVI, p. 203 et note.

belles planches, où les effigies de l'une et de l'autre vaccine sont représentées comparativement dans toutes leurs périodes (1).

Outre cela, M. le docteur Sacco, cherchant à fixer les époques où le vaccin peut être pris utilement, a déterminé par des expériences les rapports entre la probabilité du succès, et les jours successifs auxquels on aura recueilli le virus. Ainsi, suivant ses observations, en supposant, ce qui est le plus ordinaire, que le bouton de la vaccine commence à s'annoncer à la fin du 3ᵉ jour de l'insertion (2), le succès est en général assuré, si l'on prend le virus du 5 au 8, à dater de l'insertion, ou, pour mieux dire, et d'une manière qui réponde à toutes les exceptions, entre le 3 et le 6, à dater de l'apparition des premiers indices du bouton. Il a trouvé ensuite, le vaccin étant pris le 6 de la formation du bouton, que sur cent insertions il y en avait 95 d'efficaces; étant pris le 7, 92 ; le 8, 88 ; le 9, 85 ; le 10, 80 ; le 11, 50 ; le 12, enfin, seulement 10 à 15 (3). Outre cela, plus on s'éloigne des premiers jours, plus l'incision faite au bouton, pour en extraire le virus, est sujette à être suivie de suppuration et à s'ulcérer. M. Sacco recommande aussi, pour avoir le vaccin le plus sûr, d'éviter d'ouvrir la vésicule trop près du centre du bouton, point qui répond à la piqûre, et de faire sortir au contraire le vaccin le plus près possible des bords de la vésicule, où il est plus constamment pur et limpide (4). Il n'est pas inutile

---

(1) Rapport pour 1803, p. 12, 197, 298. Rapport pour 1806 et 1807, p. 54, 55. Notes communiquées du Rapport pour 1810. Bibl. Brit. t. XV, p. 277; XLV, 70. *Sacco, Trattato della Vaccinazione*, c. IV, p. 84, 86.

(2) Au commencement de ce Rapport (page 5) nous avons dit que *jamais* le bouton de la vaccine ne s'annonçait avant le troisième jour ; il eût été plus exact de dire, *presque jamais.*

(3) *Trattato della Vaccinazione*, c. V, p. 92, 93. Bibl. Brit. t. XVI, p. 295 ; t. XLV, p. 161, 163 et note.

(4) *Trattato della Vaccinazione*, c. V, p. 93. Bibl. Brit. t. XLV, p. 162.

de rappeler aussi que, quelques moyens qu'on ait heureusement trouvés de conserver et de transporter un vaccin efficace, ou même d'y faire servir les croûtes délayées ; le plus sûr, quand on l'a pu, a toujours paru, jusqu'à cette heure, de vacciner immédiatement de bras à bras (1).

Un second ordre de faits qu'on doit exclure de la comparaison, est celui dans lequel entreraient des observations de maladies éruptives désignées sous le nom de petite-vérole, mais dont les caractères appartiennent évidemment à la petite-vérole volante, ou à des éruptions anomales qui n'ont qu'une ressemblance imparfaite de forme avec la petite-vérole, et qui n'ont avec elle aucune autre analogie. Elles se montrent en effet journellement sur des enfans qui ont eu la petite-vérole, et quand elles surviennent avant elle, elles n'en préservent pas. Il est aisé à un observateur attentif de les distinguer. En effet, les petites-véroles bénignes ont une marche régulière et constante, qui ne permet aucune méprise ; et, lorsqu'elles sont irrégulières, elles ne se confondent pas davantage avec les éruptions qui leur sont étrangères, parce que les premières sont toujours aiguës et dangereuses, tandis que les éruptions anomales dont nous parlons sont communément exemptes d'accidens graves et de dangers. Aussi,

---

(1) M. Voisin, médecin de Versailles, dont le zèle et les talens ont été justement appréciés par le Comité Central de Paris, qui lui a décerné une de ses médailles, s'est assuré par des épreuves comparatives multipliées, que parmi les méthodes connues de conserver le vaccin, la meilleure était celle qui a été imaginée par M. *Bretonneau*, de faire monter le vaccin dans des tubes capillaires que l'on scelle aux deux bouts (Rapport du Comité fait le 2 juin 1806, pag. 88). Il a réussi aussi avec les croûtes vaccinales, sur-tout avec les croûtes fraîches. Mais quels qu'aient été ses succès avec le vaccin conservé par diverses méthodes, ils n'ont jamais été aussi constans que dans la vaccination de bras à bras. (*Lettre à nous adressée par M. Voisin, le* 13 *Octobre* 1812).

toute observation, qui ne contiendra pas les caractères essentiels par lesquels la petite-vérole se distingue des maladies qu'on peut confondre avec elle, et dans laquelle on ne trouvera pas les proportions respectives de la fièvre d'invasion, de l'éruption, de la suppuration, de la fièvre d'intumescence qui l'accompagne, et de la dessiccation, ne pourra être mise en balance avec les observations favorables à la question présente.

Il est un troisième ordre de faits qu'on ne peut pas davantage admettre dans le parallèle dont nous parlons ; ce sont ceux dans lesquels une véritable petite-vérole se montre, dans le cours de la vaccine, à une époque qui suppose une contagion contractée antérieurement au temps où la vaccine constituée a pu avoir établi son effet préservatif. Cet objet a été traité dans le premier rapport fait à l'Institut. Nous en avons déja, dans ce Mémoire, rapporté plusieurs exemples, en parlant des éruptions et des maladies attribuées à la vaccine. A cet égard encore, le docteur *Sacco* a fait des épreuves remarquables pour trouver l'époque précise où la contagion variolique peut encore avoir lieu. En supposant que la formation du bouton s'annonce à la fin du 3ᵉ jour après la vaccination, l'inoculation variolique, pratiquée du 1ᵉʳ au 5, donne lieu à une éruption variolique générale du 7 au 11. L'inoculation faite le 6 ou le 7 a donné lieu à une légère inflammation à l'endroit des piqûres sans éruption générale, et sans bouton aux piqûres, ou avec un bouton qui s'est séché promptement. L'inoculation faite du 8 au 11 a donné une légère altération aux piqûres, rarement un bouton, au moins s'est-il séché presque aussi-tôt qu'il a paru. Enfin, du 11 au 13, l'inoculation variolique ayant été pratiquée sur seize enfans, trois seulement ont eu une légère rougeur à l'endroit des piqûres, et les 13 autres n'ont rien éprouvé du tout. On sent bien que si, comme il arrive quelquefois, la formation du bouton vaccinal est plus tardive, les périodes favorables à la contagion variolique sont renfermées dans des limites moins étroites (1).

Ces détails nous ont paru nécessaires pour montrer à quelle mesure d'exactitude l'observation a été portée sur la propriété préservative de la vaccine, et combien les distinctions essentielles auxquelles ces recherches ont donné lieu sont loin de ressembler, comme quelques personnes ont voulu le croire, à des subtilités et à des subterfuges inventés pour excuser des défauts de succès.

Maintenant, en appliquant les remarques qui viennent d'être faites aux observations alléguées de petites-véroles survenues postérieurement à une vaccination dont les périodes et les caractères auraient été complets, et si l'on exclut toutes les observations qui manquent des conditions essentielles pour les rendre probatoires, on en trouve bien peu qui puissent entrer dans la balance. Il en est cependant sur lesquelles il est difficile d'élever des doutes raisonnables. La société *Jennérienne* de Londres en admet évidemment l'existence dans les articles IX, X, XI, XIV et XV de son Rapport (2). Le collége des chirurgiens de Londres dit que sur 16438 vaccinations il en a eu 56, c'est-à-dire, 1 sur 3000, qui ont été insuffisantes pour opérer la préservation; mais il n'a pas dit quel avait été l'effet immédiat de ces vaccinations, et à quelles conditions on pouvait rapporter leur insuffisance (3). Les auteurs de la Bibliothèque Britannique ont inséré dans leur Recueil une annonce contenue dans une lettre de Londres, en date du 16 août 1811, portant que « l'établissement « national de vaccine à Londres venait de publier deux cas de « petite-vérole survenus après la vaccination la plus parfaite,

---

(1) *Trattato della Vaccinazione*, c. III, p. 66. Bibl. Brit. t. XLV, p. 63.
(2) Bibl. Brit. t. XXXII, p. 79.
(3) Bibl. Brit. t. XXXVI, p. 371.

« Ces cas, dit la lettre, sont bien constatés et avoués dans le
« rapport de l'établissement. Mais on y publie en même-temps
« trois cas de petite-vérole naturelle arrivée deux fois dans un
« même sujet, après un intervalle de onze ans, etc. (1) »

La Correspondance du Comité Central de Paris contient quelques exemples semblables. Six observations lui sont d'abord parvenues de la part d'hommes instruits et exempts de préventions, mais elles n'étaient point accompagnées de détails suffisans pour ne laisser aucune incertitude (2). Deux d'entre elles annonçaient une petite-vérole survenue au milieu d'une épidémie qui se déclara à Beauvais pendant l'automne de 1810 ; mais la vaccination avait été pratiquée sur ces enfans dans les premiers temps de l'introduction de la vaccine en France ; et comme les effets immédiats de l'opération ne sont pas détaillés, rien ne prouve que l'insertion n'ait pas produit une vaccine du nombre de celles qui alors étaient fort répandues par-tout, et qui étaient évidemment fausses. Tous les autres enfans vaccinés dans le même lieu, à des époques postérieures, furent généralement exempts de l'épidémie de 1810. Mais un fait bien constant a été vérifié par plusieurs membres du Comité, et nous avons nous-mêmes vu l'enfant couverte d'une petite-vérole très-abondante, mais très-régulière et fort bénigne, le 7 décembre 1806. Cette enfant, qui se nommait *Emma Kerquenne*, et qui demeurait Vieille-Rue-du-Temple, n° 93, avait été vaccinée avec succès le 24 mars 1804, par M. *Lanne*, médecin, rue Française, qui avait conservé le journal de cette vaccination. Il est donc bien évident qu'il n'est pas impossible qu'un enfant qui a été vacciné soit ensuite atteint de petite-vérole ; et l'on ne devait assurément

---

(1) Bibl. Brit. t. XLVIII, p. 168.
(2) Notes communiquées tirées du Rapport pour 1810.

pas compter sur une impossibilité absolue à cet égard , puisque plusieurs observations ont prouvé qu'elle n'existait pas même après la petite-vérole, soit naturelle, soit inoculée.

. Mais quel est le dégré de probabilité que ces observations laissent à l'espoir d'être préservé de la petite-vérole par le moyen de la vaccine ? On tirera d'abord cette évaluation de la comparaison faite du nombre des individus qui ont contracté la petite-vérole après la vaccine, avec la somme des individus vaccinés ; ce qui donne le rapport des premiers avec ceux qui , sans avoir fui une contagion contre laquelle ils se croyaient suffisamment rassurés, n'ont point contracté la petite-vérole , quoique plusieurs aient été placés au milieu d'épidémies très-répandues et très-générales, et dont le plus grand nombre eut dû naturellement être atteint, sur-tout dans les premières années de la vie. Une autre base de cette évaluation se trouve dans la somme des contre-épreuves faites, soit au moyen de l'inoculation , soit par la position des individus dans les rapprochemens les plus propres à étendre sur eux la contagion , et qui l'ont effectivement transmise autour d'eux aux individus non vaccinés.

. Or, si nous prenons les résultats de la Correspondance du Comité Central de Paris, les sept observations dont nous avons fait mention, en les supposant toutes exactes, se trouvent en parallèle avec 2671662 vaccinés ; et si l'on objecte que ces sept observations, les seules dont la commission ait eu connaissance, ne sont pas sans doute les seules du même genre qui aient eu lieu dans l'empire, on répondra d'abord que ces sept même, comme nous l'avons vu, ne sont pas toutes à beaucoup près exemptes d'incertitudes ; ensuite, que les 2671662 vaccinations , les seules dont le comité ait pu tenir compte d'après sa correspondance, sont loin d'être les seules qui aient été pratiquées jusqu'à ce moment dans toute la France ; et dès-lors, ces deux nombres étant de part et d'autre les seuls obtenus par les mêmes voies, sont par cela même comparables, et donneraient le rapport de 1 à 38.1666.

A l'égard des contre-épreuves, il en est de trois espèces : celles qui sont faites par inoculation du virus variolique ; celles qui consistent dans une cohabitation intime et dans les rapports les plus propres à rendre la contagion efficace ; celles que présentent les retours des épidémies varioliques auxquelles peu d'individus échappent, comme il arrive sur-tout dans les petites villes et dans les communes rurales. Les comptes rendus au comité présentent 640 individus éprouvés par l'inoculation ; 600 qui, placés au milieu de familles toutes envahies par la petite-vérole, et en recevant les miasmes par toutes les voies possibles, en sont restés seuls exempts. Enfin 4312, au milieu d'épidémies qui n'épargnaient presque aucun individu, sont restés à l'abri de la contagion générale ; en tout, 5552 individus sont restés exempts de la contagion dans des circonstances, soit artificielles, soit naturelles, dans lesquelles, sans le secours de la vaccine, ils eussent évidemment été atteints presque tous de l'infection variolique (1).

De pareils résultats ont été également constatés dans toutes les autres contrées de l'Europe (2).

De tous ces faits il est impossible de ne pas conclure que la

---

(1) Rapport du Comité Central fait en 1803 (an XI), p. 103 à 168 ; en 1804 (24 frimaire an XIII), p. 26 à 34 ; en 1806, p. 47 à 60 ; pour 1806 et 1807, p. 60 à 70 ; pour 1808 et 1809, p. 60 à 67, et notes communiquées tirées du rapport pour 1810. Ajoutons que les motifs qui ont déterminé M. Chappon à la rétractation dont nous avons parlé pag. 8, sont que, pendant trois ans, ayant vu un nombre infini de petites-véroles, et pas une sur les sujets vaccinés, *il a dû céder à l'évidence.* V. lieu cité.

(2) Bibl. Brit. t. XXX, p. 186 ; XXXVI, p. 354. *Trattato della Vaccinazione, lettera del Ministro,* p. 210.

faculté de préserver de la petite-vérole, telle que la possède la vaccine, s'élève à une mesure de probabilité au moins égale à celle qui résulte de la petite-vérole elle-même une fois contractée, soit naturellement, soit par l'inoculation ; car il nous semblerait déraisonnable, ou du moins prématuré, de prétendre qu'elle dût s'élever plus haut.

Si à ces observations on joint celles qui en sont les conséquences naturelles, et qui déja ont été attestées par des médecins, des préfets, et des hommes publics, sur beauçoup de points de la France et des pays étrangers ; que les épidémies de petite-vérole ont été arrêtées dans leurs progrès par la vaccine; qu'elles ont été exclues des communes où la vaccination a été généralement pratiquée ; que les retours des petites-véroles épidémiques qui se reproduisaient régulièrement à des intervalles périodiques, ont cessé de se faire à leurs époques ordinaires ; que plusieurs villes et communes ont cessé de connaître la petite-vérole, et qu'elle est devenue bien plus rare dans les grandes villes même depuis plusieurs années, excepté dans les quartiers où les préjugés du peuple la repoussent encore ; enfin, que la mortalité de l'enfance a diminué, et que la population a augmenté en plusieurs endroits dans une proportion remarquable, constatée par des calculs relevés sur les registres publics, et dans des proportions qui semblent déterminées par le nombre des vaccinations : non-seulement on appréciera les avantages que la société doit retirer de la précieuse découverte de Jenner, mais encore l'espérance de voir disparaître du milieu des sociétés civilisées le fléau de la petite-vérole cessera de paraître chimérique, puisqu'elle s'est depuis réalisée en partie dans les lieux où la confiance du peuple dans ce préservatif a pu être établie d'une manière générale (1).

____

(1) Voyez ci-après la note 4 de la page 52.

Ainsi les rapports publiés par le Comité central de Paris, en
1803 (an XI), en 1804 (24 frimaire an XIII), en 1806 (12 juin),
en 1808 (28 avril), en 1811 (6 juillet) ; celui qu'il a fait le
9 juin 1812 ; plusieurs des bulletins de sa Correspondance, qui
ont été successivement publiés, contiennent des preuves positives et multipliées de tout ce que nous venons d'avancer, c'est-
à-dire, d'épidémies terminées, circonscrites, de leurs retours
périodiques empêchés et prévenus par des vaccinations multipliées, enfin de la petite-vérole non seulement rendue rare,
mais même absolument inconnue depuis l'introduction de la
vaccine (1). Les mêmes phénomènes sont attestés par le ministre
de l'intérieur du royaume d'Italie, spécialement dans des épidémies observées à Brescia et à Milan (2) : les médecins de Genève
attestent l'anéantissement de la petite-vérole dans leur ville (3) :
la diminution de la mortalité, et l'augmentation proportion-
nelle de la population, constatées à Rouen, à Creuznach, à
Besançon, dans les départemens de Rhin et Moselle, du Haut-
Rhin, de la Dordogne, etc. , et même dans quelques arrondisse-
mens de Paris, sont des preuves irréfragables des avantages que
l'on doit attendre de la découverte de Jenner (4).

---

(1) V. Rapport fait en 1803, p. 168 ; en 1804, p. 32 ; en 1806, p. 61 à 68 ; en
1808 pour 1806 et 1807, p. 68 ; en 1811 pour 1808 et 1809, p. 67, et p. 85 à 91 ;
notes communiquées tirées du rapport fait en 1812 pour l'année 1810 ; et bulletin
n° 5 publié en mars 1811. V. aussi Bibl. Brit. t. XXX, p. 186.

(2) *Trattato della Vaccinazione*, p. 210.

(3) Bibl. Brit. t. XXXII, p. 81 note.

(4) V. l'ouvrage de M. Duvillard, sur l'influence de la petite-vérole, sur la
population ; Paris, 1806. Son extrait dans la Bibl. Brit. t. XXXVI, p. 376 et suiv.

Un détail sur l'état de la vaccination dans le département du Rhin et Moselle,
au 1ᵉʳ janvier 1809, d'après M. *Lezay-Marnezia*, préfet de ce département. Bibl.
Brit. t. XLII, p. 182.

Dans le compte que nous venons de rendre à l'Institut, des résultats obtenus depuis l'introduction de la vaccine en France, après douze ans d'expériences, nous n'avons recueilli que des faits dont l'authenticité ne pouvait être mise en question ; nous avons pensé que, plus les conséquences tirées de quelques observations étaient avantageuses, plus les faits qui les appuyaient devaient être multipliés, et nous avons écarté tous les cas où les avantages obtenus pouvaient tenir à des circonstances particulières. Il n'a été dans notre intention de dissimuler aucun des motifs, et sur-tout aucun des faits sur lesquels ont été fondées les objections faites à la vaccine ; nous avons mis de part et d'autre dans la balance, et les faits, et sur tout la somme comparée des faits, et nous avons apporté dans cet examen moins la prétention d'en déduire des conséquences absolues et exclusives, et de faire éclater les avantages de la vaccine, que le desir de mettre dans nos recherches l'exactitude nécessaire pour déterminer autant

---

Les détails donnés par le même préfet, pour 1810, annoncent la disparition totale de la petite-vérole dans son département, l'augmentation de la population par la vaccination de 9911 enfans, comprenant presque tous ceux qui sont nés dans l'année. (*Notes communiquées pour* 1810).

Les détails de l'état civil de *Rouen* attestent une diminution de mortalité de 4354 individus en 8 années, c'est-à-dire, de plus de 500 par année. *Ib.*

La comparaison faite à Besançon, par M. *Barrey*, des décès pendant les neuf dernières années, avec les décès des neuf années antérieures à l'établissement de la pratique de la vaccination, donne une diminution de mortalité de 1619 individus, toute comprise dans les dix premières années de la vie. *Ib.*

Dans le département de la Dordogne, en six années, M. le baron Maurice, préfet de ce département, annonce un excès progressif des naissances sur les décès, qui s'élève à 4449 pour 1810, et à 22007 pour la totalité des six années, etc. (*Notes communiquées extraites du rapport fait en* 1812 *pour l'année* 1810).

qu'il est possible la mesure des probabilités, et évaluer en conséquence le prix qu'on doit attacher à cette découverte, et les services qu'elle a rendus et qu'elle peut rendre à l'humanité.

Nous croyons avoir mis hors de doute que l'insertion du virus de la vaccine n'introduit point dans le corps une matière qui soit de nature à porter dans nos organes un trouble remarquable, et qui doive être rejetée au-dehors par des mouvemens comparables à celui qui suit nécessairement l'inoculation de la variole.

Que les éruptions qui se sont jointes dans l'origine aux effets ordinaires de la vaccination, sont dues, non à la nature du vaccin lui-même, mais à des circonstances le plus souvent connues et déterminables, au milieu desquelles les vaccinations ont été faites.

Que les événemens malheureux qui ont été observés dans quelques cas, ont dû évidemment être rapportés à des causes étrangères à la vaccine, qui se sont développées pendant son cours, ou qui, déja existantes, y ont acquis une intensité qu'on doit attribuer, non, comme on l'a dit, au mélange du virus de la vaccine, mais à l'état particulier des sujets vaccinés.

Que les désordres consécutifs qu'on a quelquefois observés après les vaccinations, quand ils ne se rapportent pas à des maladies préexistantes, sont évidemment des cas particuliers dus à des conditions individuelles, et qui n'étant en aucune proportion remarquable avec la somme connue des observations exemptes de toute suite fâcheuse, ne peuvent donner lieu à aucune conséquence générale.

Que ces observations particulières, en les supposant incontestables, sont avantageusement compensées par les nombreux exemples de maladies chroniques et rebelles qui ont complète- et inopinément cessé à la suite des vaccinations ; et que ces exemples, si l'on en compare le nombre et les circonstances

aux exemples semblables cités en faveur de l'inoculation variolique, si à cela l'on joint la différence essentielle du caractère
propre des deux virus et celle de leurs propriétés contagieuses,
donnent au virus vaccin un avantage incomparable sur le virus
variolique, considérés l'un et l'autre comme préservatifs de la
variole, et comme remède de plusieurs autres maladies.

Enfin, que l'effet préservatif du virus vaccin, quand ce virus
a été pris dans des circonstances déterminées qui en assurent la
pureté, quand en conséquence il a donné lieu à une véritable
vaccine, et quand le développement en a été complet, est pour
le moins aussi assuré que l'effet de la petite-vérole elle-même,
ou que celui qui résulte de l'inoculation variolique ; et que de
plus, considérée relativement à la société en général, la vaccine
a un avantage que ne peut avoir l'inoculation, celui d'arrêter,
de circonscrire, de faire disparaître les épidémies varioliques,
de diminuer considérablement la mortalité qui menace les premiers âges de la vie, de conserver en conséquence à la population
des proportions plus avantageuses ; qu'enfin, les résultats obtenus jusqu'à ce jour motivent d'une manière probable l'espérance de voir enfin disparaître du sein de la société le fléau
de la petite-vérole, l'un des plus déplorables dont gémisse l'humanité.

BERTHOLLET, PERCY ; HALLÉ, Rapporteur.

La Classe approuve le Rapport ; arrête qu'il sera imprimé immédiatement, et qu'on l'insérera dans le prochain volume
des Mémoires.

7 Septembre 1812.   G. CUVIER.

DE L'IMPRIMERIE DE FIRMIN DIDOT,
IMPRIMEUR DE L'INSTITUT IMPÉRIAL,
RUE JACOB, N° 24.

1812.